Hanspeter Streit / Philipp Probst
Ich, der Millionenbetrüger «Dr. Alder»

Alle Rechte vorbehalten
Copyright by Zytglogge Verlag Bern, 1994
Lektorat: Anita Egli
Umschlagfoto: Kurt Reichenbach
Satz: Zytglogge Verlag Bern
Druck: Ebner Ulm
ISBN 3-7296-0471-6

Zytglogge Verlag Bern, Eigerweg 16, CH-3073 Gümligen
Zytglogge Verlag Bonn, Plittersdorfer Str. 212, D-53173 Bonn
Zytglogge Verlag Wien, Strozzigasse 14–16, A-1080 Wien

Hanspeter Streit
Philipp Probst

Ich, der Millionenbetrüger «Dr. Alder»

Für meinen Schnügu ♡
Als entspannende und doch spannende Lesestunden.
Weihnachten 1993

Schnügu

Zytglogge

Für meine liebe Frau

Diese Geschichte ist mein Leben. Sie ist die Wahrheit.
Die Namen der Personen sind jedoch fast alle frei erfunden. Auch einige Erlebnisse, Begebenheiten und Örtlichkeiten wurden leicht verändert, um niemanden blosszustellen und niemandem zu schaden.
Dieses Buch soll auch keine Entschuldigung oder Rechtfertigung sein für das, was ich getan habe. Dafür bin ich selbst verantwortlich, und ich trage die Konsequenzen.
Ich will zeigen, dass ich zu meinen Taten stehe. Ich will aber auch beweisen – und deswegen habe ich dieses Buch überhaupt geschrieben –, dass ich kein notorischer Lügner und Betrüger bin. Ich bin geheilt, ich habe ein neues Leben angefangen.

Ich möchte mich bei all den Leuten bedanken, die mir geholfen haben. Erwähnen möchte ich Pfarrer Christian Gerber, Seelsorger an der Strafanstalt Thorberg, und die Beamtinnen und Beamten der Gemeinde Ittigen bei Bern. Ich habe von ihnen sehr viel Menschlichkeit erfahren.

Hanspeter Streit, November 1993

1.

Ich fühlte mich schon unwohl, als ich an diesem Morgen aufstand; ich wusste, dass es für mich längst fünf vor zwölf war. Und ich hatte Angst. Aber ich war vorbereitet und froh, dass endlich alles zu Ende ging.
Ich kletterte aus dem Bett, zog einen Rollkragenpullover und Trainerhosen an und schlüpfte in meine Finken. Ich fuhr mir schnell durch die Haare, büschelte meine falschen Locken, die von Tag zu Tag grauer wurden. Ich blinzelte aus dem Fenster. Ein trüber Tag. Die Wolken hingen tief herunter, die Berge waren nicht zu sehen. Ich warf noch schnell einen Blick auf den Wecker, es war schon nach zehn Uhr, aber das bedeutete nichts Aussergewöhnliches, ich stand immer erst um diese Zeit auf.
Langsam ging ich ins Wohnzimmer. Ursula, meine Frau, war nicht zu Hause. Auch das war normal. Um diese Zeit ging sie meistens mit unserer kleinen Tochter Melanie einkaufen. Der siebenjährige Sohn Martin war in der Schule. Unser Bernhardinerhund Mani lag auf seiner Matte. Ich strich ihm kurz über sein Fell. Dabei wedelte er zufrieden mit dem Schwanz. Ich öffnete die Haustüre und ging hinaus. Die Luft war frisch und kühl. Dann stieg ich die paar Stufen hinunter zum Briefkasten. Ein einziger Brief lag darin. Absender Gemeinde Adelboden. Adressiert mit Herrn Doktor Claudius Alder. Nicht einfach nur Dr. Claudius Alder. Der Doktor war ausgeschrieben.
Sehr geehrter Herr Doktor. Ich solle umgehend meine Schriften bei der Gemeinde deponieren, ich würde doch schon über zwei Jahre in Adelboden leben. Dann das übliche Blabla, und natürlich freundliche Grüsse. Wie immer. Ich kannte diese Briefe, sie schickten sie mir immer wieder. Der Brief war mit 24. Mai 1988 datiert. Also musste heute der 25. Mai sein. Ein Mittwoch. Dann würde übermorgen Freitag sein, jener Freitag im Monat, an dem im Fernsehen die Verbrecher-Jagd-Sendung «Aktenzeichen: XY ... ungelöst» lief. Davor hatte ich immer Angst.
Ich warf den Brief auf den Esstisch, steckte ihn nicht einmal ins

Couvert zurück. Meine schlechte Stimmung war noch ein bisschen schlechter geworden. Da klingelte die Hausglocke.
Draussen stand Kantonspolizist Baumann. Ich kannte ihn gut. Er war ein sympathischer Familienvater.
«Haben Sie eine Minute Zeit, Herr Doktor Alder?»
Natürlich hatte ich Zeit. Ich hatte fast immer Zeit.
Ich liess ihn eintreten und bot ihm an, einen Kaffee zu kochen. Aber er lehnte dankend ab. Wir setzten uns an den Esstisch. Ich stützte meine Arme an der Tischkante auf, faltete meine Hände wie zum Gebet und blickte ihm in die Augen.
Er war freundlich und zuvorkommend. Wir sprachen über Gott und die Welt. Vom Wetter. Von einem Lawinenunglück, das er einmal erlebt hatte. Ich hörte ihm aufmerksam zu, sagte nicht viel, nickte aber sehr verständnisvoll.
«Reden wir einmal von Mann zu Mann», sagte er plötzlich.
Ich erschrak.
«Sie leben nun schon so lange in Adelboden. Sie und Ihre Familie profitieren doch auch von der Infrastruktur unserer Gemeinde. Ihr Sohn geht jetzt in die erste Klasse …»
Ich wusste, was kommen würde. Aber ich liess ihn noch ein bisschen um den heissen Brei herumreden. Baumann getraute sich nicht, mir in die Augen zu sehen.
«Sie sollten doch gelegentlich Ihre Schriften hier deponieren», sagte er dann. Und fuhr sofort weiter: «Wir haben ja auch gehört, dass Sie ein Stück Bauland im Auge haben, was uns alle sehr freut.»
«Sie können sich gar nicht vorstellen, Herr Baumann, wie unrecht mir das ist.» Ich redete ganz langsam, blickte ihm ununterbrochen in die Augen und tischte ihm mit einer Seelenruhe ein neues Märchen auf.
«Ich habe immer noch Probleme mit meinen Schriften. Sie wissen doch, ich baue in Costa Rica ein Kinderheim für arme Kinder. Deshalb sind meine Schriften leider noch immer dort.»
Polizist Baumann schwieg einen Moment. Dann raffte er sich zu einem zweiten Anlauf auf.
«Das glaube ich Ihnen ja. Aber ich muss die Leute auf der Gemeinde beruhigen. Sie sollten Ihre Schriften wirklich innert

zehn Tagen aufs Amt bringen.» Wieder hielt er einen Moment inne, dann sagte er entschlossen: «Und mir sollten Sie jetzt einmal den Pass zeigen.» Er war selbst ein bisschen über seinen befehlenden Tonfall überrascht, beruhigte sich aber gleich wieder und war ganz freundlich: «Ich muss doch dem Gemeindeschreiber irgend etwas erklären.»
Natürlich hatte ich auch keinen Pass.
«Sie wissen doch, Herr Baumann», begann ich wieder, ganz gelassen. «Ich bin viel unterwegs, oft im Ausland. Deshalb lasse ich ihn in meinem Büro im Berner Inselspital. Meistens gehe ich direkt von dort aus auf die Reise. Aber selbstverständlich werde ich meinen Anwalt anrufen, er soll den Ausweis im Inselspital holen und ihn nach Adelboden bringen.»
Der Polizist fragte nicht weiter. Ursula kam mit Melanie nach Hause, und der Beamte verabschiedete sich höflich.
Meine Frau sah nicht glücklich aus. Sie war sonst immer aufgestellt und fröhlich. Eine zierliche junge Frau, die einfach jeder gern haben musste.
Ursula stellte die Taschen in die Küche, und ich spielte mit Melanie. Sie war unser Goldschatz. Ein Wunschkind.
Dann ging ich in die Küche, auf meine Frau zu. Ich nahm sie in die Arme und sagte leise: «Mein Schatz, jetzt ist es passiert.» Obwohl sie keine Ahnung haben konnte, was passiert sein könnte, fragte sie nichts. Ich liess sie los, und sie packte weiter ihre Taschen aus. In diesem Moment klingelte die Hausglocke erneut.
Ich öffnete. Es war wieder Polizist Baumann. Er versuchte einen dritten Anlauf.
«Sie haben uns jetzt alle genug zum Narren gehalten.» Seine Stimme war ganz und gar nicht mehr freundlich. Er sprach jetzt richtig aggressiv. «Sie müssen auf den Posten mitkommen. Wir haben Ihre Angaben überprüft. Da gibt es einiges, was Sie uns endlich erklären müssen.»
Dann schwafelte er noch etwas vom Hauptposten in Bern, falls ich immer noch nichts vorlegen könne. Ich sagte meiner Frau, dass ich schnell auf den Polizeiposten gehen müsse, und ging mit Baumann die Treppe hinunter zur Strasse. Da unten stand sein

grüner Suzukijeep 4x4. Das wunderte mich. Denn der Posten war nur gerade 300 Meter von meinem Chalet entfernt, ich ging fast jeden Tag dort vorbei. Wir stiegen ein und fuhren schweigend zum Posten.

Baumann führte mich ins Büro eines anderen Polizisten. Ein älterer Mann, der schon seit Jahrzehnten bei der Polizei arbeitete. Er hiess Gerber. Ich setzte mich auf einen Holzstuhl, und Baumann liess uns alleine.

Das Spiel war zu Ende.

Ich holte tief Luft und sagte: «Der Mann, der hier vor Ihnen sitzt, heisst nicht Doktor Claudius Alder, sondern Hanspeter Streit und ist der, den Sie schon seit Jahren suchen.»

Gerber sagte nichts. Blätterte nervös in einer Polizeizeitung, in der mein Bild abgedruckt war, ich, der aus dem Gefängnis ausgebrochene Lügner und Betrüger. Dann stand er auf, verliess mit schnellen kleinen Schritten das Büro und schloss hinter sich die Türe mit dem Schlüssel ab. Ich hörte, wie er vom Nebenraum aus mit jemandem telefonierte.

Nach einer Weile kam er zurück. Er schwitzte.

«Haben Sie denn die Adelbodner auch betrogen?» Er sprach ganz erregt. Langsam kapierte er, welchen Fisch er an der Angel hatte.

«Ja, auch die Adelbodner.»

Draussen sah ich meine Frau mit dem Bernhardiner.

«Ich muss Sie bitten, in unserer Zelle zu warten», sagte Polizist Gerber und führte mich hinaus. Da stand meine Frau mit dem Hund. Ich nahm ihr wortlos die Leine aus der Hand und folgte mit Mani dem Polizisten hinunter in den Keller zur Zelle. Ich setzte mich und wartete.

«Mani, siehst du, jetzt ist alles aus.» Ich kraulte seinen Kopf, und er blickte mich mit seinen traurigen Augen an. Mani war der einzige, der alles wusste. Er war mein einziger Freund.

Später holte mich Gerber wieder ins Büro. Dort sass meine Frau. Ich setzte mich neben sie. Sie versuchte mir zu erklären, dass mein Chef, der Walti Moser von der Chemie Schweiz AG, endlich kommen müsse.

«Du hast doch seine Telefonnummer. Ruf ihn jetzt an.»

Ich sagte nichts. Ich schaute sie nur an.

Plötzlich sagte sie: «Was, den gibt es gar nicht!»
Sie sagte es nicht wütend, blieb ganz ruhig, und sie stellte auch jetzt keine Frage.
Dann, nach langem Schweigen, sagte sie: «Hör zu Päpu.» Ursula nannte mich immer «Päpu». Sogar jetzt. «Hör zu, ich sage dir nur etwas. Wenn du jetzt eine Dummheit machst, dann nimmst du auch mich mit, dann nimmst du die ganze Familie mit.» Sie getraute es nicht auszusprechen, aber es war klar, was sie damit meinte: sie hatte Angst, dass ich Selbstmord machen würde.
«Du musst mir versprechen, dass du keine Dummheit machst», sagte sie nochmals. «Du nimmst uns alle mit. Denn wir gehören zusammen. Für immer. Weisst du, diese Zeit wird vorbeigehen. Wir brauchen dich. Ich brauche dich. Du bist der erste Mann in meinem Leben, der mich ernst genommen hat, der mich wirklich geliebt ...»
Tränen erstickten ihre Stimme. Und auch ich konnte mich nicht mehr zurückhalten. Warum hatte ausgerechnet ich eine solche Frau? Wie konnte sie sagen, dass ich sie ernst genommen hatte? Ich, der sie all die Jahre so schrecklich angelogen hatte? Wir weinten.
Mani, mein Freund, mein Bernhardinerhund, drückte sich an mich. Zuerst mit der Schnauze. Dann stupfte er mich mit der Tatze, als wollte er sagen, alles wird gut.
Draussen vor dem Polizeigebäude fuhren mehrere Wagen vor. Plötzlich wimmelte es nur so von Polizisten. Eine Polizeiassistentin begleitete meine Frau und Hund Mani nach Hause. Ich wurde in die Zelle geführt und musste warten.
Dann wurde ich geholt und mit einem Polizeiauto zu unserem Haus gefahren. Das Funkgerät knatterte fast pausenlos.
Mehrere Beamte waren bereits dabei, das Chalet zu durchsuchen. Natürlich fanden sie auch die Geldkassette im Buffet. Darin lagen 840'000 Franken. Cash. Die Polizisten bekamen bei diesem Anblick ganz wässrige Augen. Meine Frau sass am Esstisch und weinte. In ihren Armen hielt sie die kleine Melanie. Martin war noch immer in der Schule.
Einer der Beamten sagte zu meiner Frau: «So, jetzt müssen wir Ihren Mann mitnehmen, nach Frutigen.»

Wir nahmen Abschied, standen im Eingang. Ursula hielt die Kleine auf dem Arm. Hinter ihr der grosse Spiegel. Ich sah mich darin. Und kam mir elend vor.

«Wann sehe ich euch wohl das nächste Mal?» sagte ich ganz leise.

Meine Frau sagte nur: «Du bist der erste Mann, der mich richtig geliebt hat. Denk an das!» Dann umarmten wir uns.

Es war zu Ende. Als ich die Stufen hinunter zum Polizeiauto ging, hatte ich Tränen in den Augen.

Aber ich war glücklich.

2.

Das Päckchen, das ich von Klara bekommen hatte, war ziemlich gross. Ich sass auf dem Boden unserer Wohnstube und öffnete vorsichtig die Schlaufe, dann riss ich das Papier auf. Zum Vorschein kam eine Schachtel. Darin war eine wunderschöne Eisenbahn. Ich nahm Lok und Waggons heraus. Mein Vater ermahnte mich, dass ich mich bei Klara bedanken solle. Ich stand auf und reichte Klara die Hand. Da beugte sie sich zu mir herunter und küsste mich. Das war mir unangenehm. Ich wusste nicht, was ich sagen sollte, stotterte ein leises «Danke» hervor und wandte mich schnell wieder der Eisenbahn zu. Nach der Lok und den Waggons wollte ich die Schienen aus der Schachtel herausnehmen. Da hielt mich mein Vater am Arm fest.
Er hatte sich zu mir auf den Boden gesetzt und schaute mich an. Mein Vater war ein einfacher, aber seriöser Mann. Er war angelernter Offsetdrucker und arbeitete beim Lokalblatt «Tages-Nachrichten» in Münsingen, wo wir wohnten. Münsingen war zwar ziemlich gross, trotzdem war es immer noch ein Dorf. Es gab auch eine grosse psychiatrische Klinik in Münsingen. Das nannte man nur «Münsingen links».
Mein Vater arbeitete immer. Auch wenn er nicht ins Geschäft musste. Dann machte er irgend etwas im Haus oder im Garten. Jeden Morgen das gleiche. Mein Vater stand auf, trank eine Tasse Kaffee, schlüpfte in die Überhosen und ging zur Arbeit. Manchmal schlüpfte er auch zuerst in die Überhosen und trank dann seinen Kaffee. Ich hatte nie eine richtige Beziehung zu ihm. Ich hatte auch keinen Respekt vor ihm.
Jetzt hockte er da vor mir und starrte mich an. Das war mir peinlich. Ich schaute verschämt auf mein Geschenk.
«Hanspeter», sagte er ernst. Ich rührte mich nicht.
«Weisst du», er stockte, machte wieder ein lange Pause. Dann atmete er tief ein: «Weisst du, Hanspeter, die Klara ist jetzt dein neues Mami.»
Ich blieb stumm. Ich nahm die Schienen aus der Schachtel. Sie

waren aus Aluminium, glänzten. Und sie waren kalt. Ich war fünf Jahre alt. Ich hatte eine neue Eisenbahn. Ich hatte einen Vater, der immer arbeitete. Und ich hatte eine Frau, die Klara hiess und mein Mami sein sollte. Aber ich hatte kein Mami. Ich vermisste es.

Später versuchte es mir mein Vater anders zu erklären. Er sagte mir, dass mich meine richtige Mutter nicht mehr sehen möchte. Aber auch das verstand ich nicht. Noch später erzählte man mir, dass ich mich als kleines Kind vor meiner Mutter versteckt hatte. Aber das begriff ich noch weniger. Ich hatte sie doch so lieb. Ich sehnte mich nach ihr.

Sehr viel später habe ich meine Mutter gesucht. Erfolglos. Aber ich habe erfahren, dass ich bei der Scheidung meinem Vater zugesprochen worden war, dass meine Mutter etliche Verhältnisse gehabt hatte, mehrere Kinder von verschiedenen Männern, eines vom Briefträger und eines von dem und von jenem. Dorfklatsch eben. Deshalb würde sie mich nie besuchen. Jemand erzählte mir sogar, dass mich meine Mutter schon als Säugling im Stich gelassen habe und Nachbarn meinen Vater im Geschäft alarmierten, weil ich dermassen laut schrie.

Ich vermisste sie trotzdem. Mit meinem neuen Mami konnte ich nicht viel anfangen. Ich lehnte sie ab, ich fühlte mich nicht geliebt.

Trotzdem konnte ich eine Zeitlang gut mit dieser Situation leben. Denn ich durfte in den Kindergarten. Das gefiel mir. Die Kindergärtnerin war ein herzensguter Mensch, ich klammerte mich richtig an sie. Sie spielte mit mir, zeigte mir viele neue Sachen und respektierte mich. All das, was ich daheim vermisste. Aber dann, wenige Monate später, zogen wir um.

Wir blieben zwar im gleichen Dorf, in Münsingen. Aber wir zügelten auf die andere Seite der Bahnlinie. Dort hatte sich mein Vater ein Reiheneinfamilienhaus gekauft. Deshalb musste ich den Kindergarten wechseln.

Die neue Kindergärtnerin hiess Hilde. Wir mussten ihr «Tante Hilde» sagen. Das wollte sie so. Sie war aus besserem Hause. Ich mochte sie von Anfang an nicht. Sie plagte mich, wo sie nur konnte.

Ich war nicht gerne zu Hause. Und jetzt war ich auch nicht mehr gerne im Kindergarten. Ich wurde lustlos. Ich wurde zum Einzelgänger.

Es wurde auch nicht besser, als ich in die Schule kam. Ich hatte mich so darauf gefreut. Doch bald bekam ich das Gefühl, dass meine Stiefmutter die Lehrerin gegen mich aufgehetzt hatte.

Ich hatte nie ein gutes Verhältnis zu meiner Lehrerin. Eines Tages, als ich die Schulaufgaben nicht gemacht hatte, weil ich meine Sachen in der Schule vergessen hatte, fragte mich die Lehrerin, ob das wirklich stimme, ob das nicht einfach eine Lüge sei.

Das tat mir weh. Ich hatte noch nie in meinem Leben gelogen. Denn ich glaubte, dass der Liebe Gott einen bestrafen würde, wenn man log. Ich glaubte das, weil es mir jemand gesagt hatte, den ich wirklich gern mochte.

Meine Grossmutter war eine alte, gebrechliche und herzkranke Frau, aber sie wusste, was sie wollte. Geistig war sie voll da, obwohl sie einen Vormund hatte. Das war ein Mann aus dem Geschäft meines Vaters. Ein grosser älterer Herr mit dicken schwarzen Augenbrauen. Ich hatte unheimlichen Respekt vor ihm.

Meine Grossmutter sprang ein, als mein Vater nicht mehr wusste, was er mit mir machen sollte. Das war in jener Zeit, als meine richtige Mutter nicht mehr und meine Stiefmutter noch nicht da waren. Vater packte mich auf den Anhänger seines Velos und fuhr den Berg hinauf zum Bauernhof, in dem meine Grossmutter lebte. Der Hof war ziemlich heruntergekommen, trotzdem gefiel er mir. Es hatte viele Katzen und vor allem Ziegen. Grossmutter schwor auf Geissenmilch.

Mein Vater hob mich aus dem Veloanhänger und übergab mich meiner Grossmutter. Sie schloss mich in ihre kräftigen, dicken Arme und drückte mich an ihren Busen. Sie sprach ganz lieb mit mir, ich fühlte mich bei ihr geborgen und beschützt. Ich bemerkte nicht einmal, wie mein Vater aufs Velo stieg und den Berg hinunterfuhr.

Dann begann die Kur. Ich musste Geissenmilch trinken. Die ersten Male spuckte ich das Zeugs gleich wieder heraus. Aber meine Grossmutter bestand darauf, dass ich diese Milch trank. Ich war stolz auf mich, weil ich merkte, wie meine Grossmutter Freude an mir hatte. Später erzählte sie mir, dass sie mich manchmal richtig aufgepäppelt habe und ich bei ihr wieder zu Kräften gekommen sei. Nach ein paar Tagen holte mich mein Vater jeweils mit seinem Velo ab. Ich sass wieder im Anhänger, und wir fuhren den Weg hinunter. Meistens ziemlich schnell. Das machte mir Spass, ich freute mich darauf. Deshalb war es nicht so schlimm, von meiner Grossmutter Abschied zu nehmen.
Als mein Vater Klara heiratete, sah ich Grossmutter nicht mehr so oft. Denn jetzt war ja wieder jemand da, der für mich sorgen konnte. Dann zogen wir um, in unser Haus auf der anderen Seite der Bahnlinie. Eines Tages stand die Grossmutter mit ihren Sachen vor der Tür, und mein Vater erklärte mir, dass sie jetzt bei uns wohne.
Durch sie war der Umzug in das Haus überhaupt erst möglich geworden. Mein Vater und der Vormund meiner Grossmutter hatten das eingefädelt. Sie hatten den Bauernhof der Grossmutter verkauft und dafür das kleine Häuschen erstanden. Deshalb hatte Grossmutter wohl auch das Recht, bei uns zu wohnen.
Ich freute mich darüber. Endlich war jemand im Haus, der mich liebte. Obwohl sie sehr streng und unheimlich fromm war. Immer kam sie mit dem Lieben Gott. Er sieht, hört und weiss alles. Ich dachte gar nicht mehr daran, etwas Unrechtes zu tun. Schon gar nicht lügen. Denn das, so schärfte mir meine Grossmutter ein, würde der Liebe Gott nie verzeihen.
Grossmutter hatte einen viel grösseren Einfluss auf mich als meine Stiefmutter. Dadurch wurde das schon schwierige Verhältnis zu meiner Stiefmutter und zu meinem Vater natürlich auch nicht besser. Wir stritten uns meistens. Mehr und mehr bemerkte ich auch, dass sich meine Stiefmutter und mein Vater stritten. Erst als ein italienischer Gastarbeiter zu uns zog, wurde es ein wenig besser. Wenn er da war, versuchte jeder sich zusammenzunehmen, um gegen aussen den Schein einer glücklichen Familie aufrecht zu erhalten.

Das Zimmer, das der Italiener gemietet hatte, war eigentlich mein Zimmer. So musste ich bei meiner Grossmutter schlafen. Obwohl ich sie wirklich gern mochte, hasste ich das. Es waren ihre Möbel, die da standen. Es war so eingerichtet, wie sie es wollte. Es roch nach ihr. Der Schrank stank fürchterlich nach Mottenkugeln. Ich musste jeden Abend meine Kleider in diesen Schrank hängen. Am nächsten Tag klebte der penetrante Geruch jeweils bis zum Mittag an den Kleidern.

Der Streit zwischen meinem Vater, meiner Stiefmutter und meiner Grossmutter wurde immer schlimmer. Ich war der Sündenbock für alles.
Ich hasste mein Zuhause. Aber ich hasste auch die Schule. Auch dort war ich der Sündenbock. Die Lehrerin liess mich absichtlich immer wieder in eine Falle laufen.
Nach der Schule ging ich meistens gleich nach Hause. Ich wusste nicht, was ich sonst tun sollte. Mit meinen Klassenkameraden war ich nicht befreundet. Auch nicht verfeindet. Sie liessen mich in Ruhe und ich sie. Bei dummen Streichen machte ich nie mit. Ich blieb der schüchterne Einzelgänger.
Das änderte sich, als ich in die vierte Klasse kam, in ein anderes Schulhaus. Jetzt musste ich wieder auf die andere Seite der Bahnlinie.
Mein Lehrer hiess Max Schmid. Er hatte einen grossen Schnauz, trug eine weisse Schürze, und in seiner goldenen Uhr, die man aufklappen konnte und die er an einer Kette befestigt hatte, war ein kleines Herz. Kaum war der Unterricht zu Ende, klemmte sich Herr Schmid eine Zigarette zwischen die Lippen und rauchte sie genüsslich. Er war Kettenraucher.
Seine Lehrmethoden waren sehr ungewöhnlich. Die Klasse musste aufstehen. Dann sagte er einen Buchstaben und machte eine Bewegung dazu. Beim A hob er zum Beispiel seine Arme nach oben, winkelte sie an und spreizte dazu die Beine. Sein ganzer Körper war jetzt ein einziges grosses A. Wir Kinder machten es ihm nach. Beim S machte er mit den Armen eine schlangenförmige Bewegung nach unten. Das sah so komisch

aus. Und dazu das Zischen des «Ssssss» aus seinem Mund. Das S wirbelte seine langen Schnauzhaare nach vorn. Manchmal bildeten sich sogar Bläschen zwischen Schnauz und Lippen. Dann mussten wir lachen.

Herr Schmid nannte diese Übungen «Buchstabenturnen». Natürlich ging es nicht darum, dass wir die Buchstaben lernen sollten, schliesslich konnten wir schon längstens lesen und schreiben. Herr Schmid erklärte uns, dass das Buchstabenturnen ein guter Ausgleich zum restlichen, normalen Unterricht sei, wie Turnen oder Singen. Manchmal sagte er auch Gedichte auf oder sang Lieder, und wir machten dazu die Bewegungen.

Wenn wir eine Prüfung schreiben sollten, schaute er zuerst zum Fenster hinaus. War der Himmel blau oder mit Blumenkohlwolken verhangen, mussten wir die Schriftliche machen. Drohten draussen aber dunkle Regenwolken oder waren Striemen am Himmel, sagte er die Prüfung ab. Bei solchen Bedingungen könne man sich nicht konzentrieren, der Himmel müsse sich zuerst entladen. Wir hofften natürlich immer, dass es Schlechtwetter wurde, wenn unser Lehrer eine Prüfung angesagt hatte.

Dabei musste ich mir gar keine Sorgen machen. Ich blühte bei Herrn Schmid richtig auf. Ich war bald Klassenbester und freute mich jeden Tag auf die Schule. Ich wurde zu einem der Lieblingsschüler von Herrn Schmid. Auch die anderen Kinder mochten mich plötzlich. Sie liessen mich jetzt nicht mehr einfach in Ruhe, sondern interessierten sich für mich, begannen mit mir zu reden oder fragten mich, ob ich ihnen bei den Hausaufgaben helfen könne. Wenn es zwischen zwei Kameraden Probleme oder sogar eine Schlägerei gab, wurde ich als Vermittler eingesetzt. Ich wurde zum Klassensprecher, und alle respektierten mich. Ich war glücklich und hatte keine Angst mehr.

Nur wenn die Woche zu Ende ging, kehrte die Angst zurück. Denn der Samstag und der Sonntag waren für mich ein Horror. Meine Familie unternahm am Wochenende nie etwas. Vater stand wie gewöhnlich in aller Frühe auf, schlürfte seinen Kaffee und stieg in die Überhosen. Dann ging er hinunter in den Keller in seine Werkstatt und arbeitete bis am Abend.

Auch ich durfte nicht ausschlafen. Die Tür flog auf.

«Aufstehen, du Faulpelz!» Meine Stiefmutter. Ich stieg aus den Federn und rieb mir die Augen. Grossmutter drehte sich in ihrem Bett noch einmal um.

Nach dem Frühstück drückte mir die Stiefmutter einen Zettel in die Hand. Darauf stand, was ich an diesem Tag alles zu tun hatte: Fenster putzen, Küche schrubben, abwaschen, Schuhe putzen. Die Schuhe musste immer ich putzen. Sämtliche Schuhe der ganzen Familie. Auch wenn mein Vater im Garten gearbeitet hatte, musste ich ihm nachher die Stiefel saubermachen.

Ich freute mich das ganze Wochenende auf den Montag.

Noch schlimmer waren die Ferien. Wenn es jeweils langsam Sommer wurde, kroch ich wieder in mein Schneckenhaus zurück und wurde zum Einzelgänger. Die anderen Kinder freuten sich auf die grossen Ferien. Nur ich nicht. Denn meine Familie fuhr nie weg. Wir blieben immer zu Hause. Dass ich einmal mit einem Kameraden in die Ferien fahren durfte – daran war nicht zu denken.

Der Hass auf mein Zuhause wurde immer schlimmer. Ich überlegte jeden Abend vor dem Einschlafen, wie ich aus all dem ausbrechen könnte.

Und ich fand tatsächlich einen Weg.

Langsam packte ich meine Sachen in den Schulsack. Herr Schmid hatte wie üblich als erster das Klassenzimmer verlassen, damit er sich so rasch wie möglich eine seiner geliebten Zigaretten anstecken konnte. Auch die anderen Kinder waren schnell draussen. Ich ging als letzter hinaus.

Es war Samstag mittag. Ich verliess das Schulhaus und ging über den Schulhof, vorbei an einer Gruppe von Kindern aus meiner Klasse. Einer von ihnen hatte einen Fussball dabei. Er kickte ihn weg, und die anderen Kinder rannten dem Ball hinterher. Ich ging langsam weiter und verliess das Schulgelände. Ich blickte nicht zurück, obwohl ich gerne mitgespielt hätte.

Für den Weg nach Hause brauchte ich zu Fuss höchstens zwanzig Minuten. Wenn ich langsam ging, da und dort stehenblieb, hatte ich dreissig Minuten. Mehr konnte ich nicht herausschinden, ohne dass mich meine Stiefmutter ausschimpfen würde. Als ich zur Bahnlinie kam, hoffte ich, dass sich die Schranke schliessen würde. So hätte ich zu Hause eine gute Ausrede für mein spätes Eintreffen, ohne dass ich lügen musste. Ich blieb noch einmal stehen, nahm meinen Schulsack vom Rücken und kontrollierte, ob ich in der Schule nichts vergessen hatte. Ich hatte nichts vergessen. Als ich den Schulsack wieder auf meinen Rücken schwang, begann das rote Lichtsignal an der Bahnlinie zu blinken, ein Horn ertönte, und die Schranke senkte sich. Ich jubelte innerlich und lief schnell zur Schranke.

Ich stand ganz nah. Ich überlegte, von wo der Zug wohl kommen würde. Ich tippte auf rechts.

Mein Vater hatte mir eingeschärft, nie über das Gleis zu laufen, wenn das Lichtsignal blinkte. In der Schule hatte ein Klassenkamerad einmal erzählt, dass sich nicht weit weg von unserem Dorf ein Mann vor den Zug geworfen hatte. Der Lokführer habe die Notbremse gezogen, trotzdem sei der Zug über den Mann gefahren. Es sei fürchterlich gewesen, der Mann sei in tausend Stücke zerrissen worden, die ganze Lok sei blutverschmiert gewesen. Man habe nie herausgefunden, wer der Mann gewesen sei, denn man habe ihn nicht mehr erkennen können. Es habe ihn auch niemand vermisst. So sei er beerdigt worden. An seinem Grab sei noch nie ein Mensch gesehen worden.

Der Zug kam von links. Die Geleise quietschten. Der Zug war schnell. Ich dachte an den Mann. Warum vermisste ihn niemand? Hatte er kein Zuhause? Hatte ihn niemand geliebt?

Ein starker Luftzug. Der Zug donnerte vorbei. Ich schaute ihm nach.

Die Schranke öffnete sich, ich ging hinüber. Da hörte ich, wie jemand meinen Namen rief.

Es war Peter. Er ging mit mir in die gleiche Klasse. Er hatte mit den anderen noch Fussball gespielt und war jetzt auf dem Heimweg. Wir gingen ein Stück zusammen.

«Was machst du morgen?» fragte er mich.

«Ich weiss es noch nicht.» Meine Stiefmutter hatte für mich sicher schon ein Arbeitsprogramm zusammengestellt, aber das wollte ich ihm nicht sagen, ich fürchtete, er würde mich auslachen.

«Ich muss morgen in die Sonntagsschule», sagte Peter. «Aber am Nachmittag darf ich mit den Nachbarskindern im Wald eine Baumhütte bauen.»
«Was macht ihr denn in der Sonntagsschule?» fragte ich.
«Ach weisst du, wir müssen singen, beten, und jemand erzählt eine Geschichte. Es ist ziemlich langweilig. Komm doch mit mir», schlug Peter vor.
«Ich weiss nicht.»
«Doch, komm doch auch, zusammen ist es viel lustiger.»
«Ich würde schon gerne kommen. Aber ich muss zuerst meinen Vater und Klara fragen.»
«Wer ist Klara?» fragte Peter.
«Das ist meine Stiefmutter.»
«Du hast keine Mutter?»
«Nein.» Ich wollte, dass er nicht weiter bohrte.
Wir machten aus, wo und wann wir uns treffen wollten. Dann rannte Peter nach Hause. Auch ich begann zu rennen, ich wollte möglichst rasch meine Stiefmutter fragen.
Zu meiner Überraschung hatte niemand etwas dagegen. Meine Grossmutter war überglücklich, dass ich mich entschieden hatte, für den Lieben Gott etwas zu tun.
Als ich an diesem Samstag abend in meinem Bett lag, freute ich mich zum ersten Mal auf einen Sonntag.

Ehrfürchtig sass ich auf der Holzbank und lauschte der Geschichte, die erzählt wurde. Ich war fasziniert, obwohl ich kaum etwas mitbekam. Ich sass einfach da und schaute hinauf zur Kanzel. Dort stand Tante Marie. Sie war ziemlich dick und hatte rote Haare. Sie trug eine wunderschöne Uniform der Heilsarmee, und sie hatte eine angenehme, gleichmässige Stimme. Ich hörte ihr gerne zu. Ich hörte die Ruhe im Saal. Neben der Kanzel hatte es eine Bühne, links und rechts schwere Vorhänge aus Samt. Fahles Licht drang in den Raum. Dann erklangen Gitarren und Gesang. Ich fühlte mich wohl, ich genoss den Frieden.
Am Schluss erhielt jedes Kind ein Bildchen, das einen Heiligen zeigte. Peter erklärte mir, dass man diese Bilder sammeln müsse.

Wenn man ein gleiches Bild zweimal bekomme, könne man mit anderen Kindern tauschen.
Von da an ging ich regelmässig in die Sonntagsschule, schaute voller Respekt zu Tante Marie und ihrer Uniform hinauf, lauschte ihrer warmherzigen Stimme und sammelte eifrig die Heiligenbildchen.
Bald fragte mich Tante Marie, ob ich ein Musikinstrument spielen möchte. Ich wollte. Ich bekam ein Es-Horn und durfte jeden Mittwochabend mit dem Velo hinauf ins Lokal der Heilsarmee zur Probe. Der Vize-Musikchef war Militärtrompeter und sehr streng, aber ich lernte gut und schnell. Zuerst Notenlesen, dann die ersten Töne auf dem Horn, dann die ersten Lieder. Endlich bekam ich ein eigenes Horn und durfte es zum Üben mit nach Hause nehmen. Als ich zum ersten Mal an einem Sonntag abend bei einer Heilsversammlung auf der Bühne stand und in mein Horn blies, platzte ich fast vor Stolz.
Ich war glücklich. Die Flucht vor meinem Zuhause war geglückt: Ich war am Mittwochabend nicht zu Hause, da hatte ich Probe, am Sonntagmorgen war Sonntagsschule und am Sonntagabend durfte ich mit meinem Horn auf die Bühne.
Ich wurde bald zum Jungsoldaten erkoren. Jetzt musste ich in den Jungsoldaten-Unterricht, war noch einen Abend weniger zu Hause. Als ich 16 Jahre alt war, wurde ich Heilssoldat. Ich musste zum alten Schneidermeister von Münsingen, der machte mir die Uniform, die meine Grossmutter bezahlte. Den Hut holte ich in Bern, im Hauptquartier der Heilsarmee. Ich musste die Kriegsartikel unterschreiben, versprechen, dass ich jeden Tag die Bibel lesen, nicht rauchen und keinen Alkohol trinken würde. Das machte mir keine Mühe. Zigaretten und Alkohol sagten mir sowieso nicht zu. Die Bibel las ich gerne, die Geschichten fand ich spannend. An einer grossen Feier wurde ich als Heilssoldat, als Salutist «eingereiht», wie das offiziell genannt wurde, und war nun nicht mehr einfach Hanspeter, sondern Kamerad Streit. Ich war stolz, endlich richtig dazuzugehören. Dabeizusein, bei dem, von dem ich wirklich überzeugt war, der Heilsarmee.
Und ich war noch weniger zu Hause.
Immer war etwas los. Wir zogen durch die Dörfer, gaben Platz-

konzerte, sangen in Wirtschaften, verkauften den Kriegsruf, die Missionsschrift der Heilsarmee. Wir zogen von Haus zu Haus und sammelten Kollekten. Überall waren wir willkommen und wurden zum Kaffee eingeladen.

Einmal wurden wir auf den Thorberg eingeladen, ins Gefängnis. Damals war ich 17 Jahre alt. Der Thorberg ist ein altes Schloss, hoch oben auf einem Felsen. Hier oben sitzen all die Verbrecher, Diebe und Mörder, hatte uns Tante Marie vorher erzählt und dabei ihre Stimme in ein tiefes, eindrucksvolles Flüstern verwandelt. Auf der Fahrt schwiegen wir alle, dachten an die armen Seelen. Langsam öffnete sich das schwere Eisentor, wir kamen in den Hof, überall Gitter und Mauern. Mir lief es kalt den Rücken hinunter. Wir wurden hineingeführt, durch lange düstere Gänge, vorbei an Zellen mit zugeriegelten Türen, dann in einen Innenhof, von dem aus man die verschiedenen Stockwerke überblicken konnte. Wir mussten eine Zeitlang warten. Keiner von uns getraute sich ein Wort zu sagen. Dann sahen wir, wie die Zellentüren geöffnet wurden. Die Gefangenen kamen allmählich zu uns in den Innenhof. Ihre langsamen, schlurfenden Schritte und das Gemurmel ihrer tiefen Stimmen hallten durch die Gänge. Es war unheimlich. Alle trugen gestreifte Sträflingskleidung. Die Gefangenen setzten sich, und wir begannen mit unserer Zeremonie, wir sangen und spielten auf unseren Instrumenten. Tante Marie predigte. Ihre Stimme klang noch warmherziger als sonst. Die Gefangenen sassen da und hörten uns zu. Ich hatte Mitleid mit ihnen. Anschliessend stellte sich die Insassenkapelle auf und spielte uns etwas vor. Es klang recht gut und beschwingt. Der Gefängnisdirektor bedankte sich bei uns in einer kurzen Rede, die Häftlinge wurden wieder in die Zellen geführt und wir nach draussen.

Ich war froh, als sich die schwere Eisentüre hinter uns schloss. Auf der Fahrt nach unten schaute ich noch ein paarmal zurück. Mächtig drohte der Bau von oben herab.

Hier möchte ich nie sein müssen, dachte ich. Und ich war mir sicher, dass ich hier nie sein würde, denn ich war ja auf dem richtigen Weg ...

Ich bemerkte sie schon, als wir spielten. Die beiden Mädchen sassen an einem kleinen Tisch, tranken eine Limonade und starrten mich an. Ich gab mir Mühe, besonders schön in mein Horn zu blasen. Später ging ich an ihren Tisch, sagte, dass wir nur ihnen zuliebe in den «Anker» gekommen seien, und verkaufte den beiden den «Kriegsruf». Als ich am Abend ins Bett ging, konnte ich lange nicht einschlafen. Die beiden Mädchen brachten mich durcheinander.

Ich hatte noch nie eine Freundin gehabt. Obwohl ich nicht schlecht aussah. Ich war zwar nicht allzu gross, aber ich war schlank und hatte schöne, liebevolle Augen, das sagte jedenfalls Grossmutter.

Ich hatte mich noch nie um Mädchen gekümmert und hatte auch keine Zeit dazu, denn die Heilsarmee nahm mich immer mehr in Anspruch. Ich machte ein Bibelfernstudium und musste regelmässig Prüfungen schreiben, die ich nach Bern ins Heilsarmee-Hauptquartier einschickte. So wurde ich Offiziersanwärter und predigte am Sonntag. Ich hatte die Schule beendet und eine Lehre als Reprofotograf angefangen. Obwohl ich nun praktisch nur noch zum Schlafen nach Hause kam, hörten die Streitereien mit meiner Stiefmutter nicht auf. Aber das berührte mich nicht mehr besonders. Ich hatte mich längst daran gewöhnt, und ausserdem hatte ich jetzt ein Zuhause, in dem ich respektiert und geliebt wurde: die Heilsarmee.

Am nächsten Sonntag hatten wir wieder einen unserer Auftritte. Ich blickte neugierig in den Zuschauerraum. Vielleicht waren ja die beiden Mädchen gekommen.

Tatsächlich. Das eine Mädchen war da. Sie hatte ein schönes unschuldiges Gesicht, leicht gewellte, hellbraune Haare, war ziemlich klein und ein wenig rundlich. Sie sass da und himmelte mich an. Mein Herz klopfte.

Nach unserer Vorstellung ging ich zu ihr.

«Schön, dass du gekommen bist. Ich heisse Hanspeter.»

«Ich bin die Gerda.» Ihre Stimme klang hell und nervös.

«Ich spiele hier jeden Sonntagabend», erzählte ich ihr.

«Ach ja, schön.»

Ich zeigte ihr mein Horn.

«Ist es nicht ziemlich schwierig, darauf zu spielen?» fragte Gerda.
«Natürlich, es ist sogar sehr schwierig. Ich habe auch jahrelang geübt.»
Gerda bewunderte mich. Ich genoss es.
«Ich finde, wir sollten uns wieder einmal sehen», sagte ich. Dann verabschiedeten wir uns.
Am nächsten Sonntag kam Gerda wieder. Ich hatte inzwischen herausgefunden, dass sie in der Wäscherei des Spitals von Münsingen arbeitete. Ihre Chefin war keine andere als Tante Marie von der Heilsarmee.
Nach dem Konzert sprachen wir wieder ein paar belanglose Worte. Nichts weiter.
Am übernächsten Sonntag kam sie wieder.
Diesmal fasste ich mir ein Herz und fragte sie, ob sie nicht einmal mit mir ausgehen möchte. Verschämt blickte sie zu Boden und nickte. Wir verabredeten uns für Dienstag, das war einer meiner wenigen Abende, an denen ich nichts für die Heilsarmee tun musste.
Ich radelte wie ein Verrückter nach der Arbeit hinauf zum Spital und holte sie ab. Ich wartete draussen, damit mich niemand sehen konnte. Gerda trug einen dicken Mantel, es war Herbst und schon ziemlich kalt. Wir gingen zusammen ins Dorf hinunter, mein Velo nahm ich mit. Ich lud sie in den «Anker» zum Abendessen ein, dort, wo wir uns zum ersten Mal getroffen hatten. Gerda wollte nicht, sie sagte, so viel Geld habe sie nicht und ich ja sicher auch nicht.
«Keine Sorge», erwiderte ich ihr stolz. «Als Lehrling verdiene ich genügend. Und ich möchte dich wirklich einladen.»
Wir sassen an dem kleinen Tisch, an dem sie damals mit ihrer Freundin gesessen hatte. Ich bestellte mir eine Bratwurst mit Rösti. Gerda wollte nur einen Salat. Ich sagte, sie solle doch etwas Rechtes nehmen, aber sie beharrte auf dem Salat. Zum Trinken bestellten wir Süssmost.
Gerda interessierte sich sehr für die Heilsarmee. Ich erzählte ihr, was wir alles machten. Ich erzählte auch, dass ich durch Tante Marie, Gerdas Chefin, zur Heilsarmee gekommen war und dass

ich sie sehr gut mochte. Sie hörte mir aufmerksam zu und himmelte mich an. Das gefiel mir.
Die Serviertochter brachte das Essen, und wir sprachen eine ganze Weile nichts. Das machte mich noch nervöser als ich schon war.
«Du redest gar nicht berndeutsch», sagte ich dann. Mir war das von Anfang an aufgefallen.
«Ich komme auch nicht von hier. Ich komme von Basel.»
«Warum bist du denn hier?»
«Wegen der Arbeit. Ich habe nur hier etwas gefunden.»
«Und deine Eltern sind in Basel geblieben?»
«Ich habe keine Eltern. Ich bin in einem Heim aufgewachsen.»
Ich merkte, dass sie nicht darüber reden wollte und fragte nicht weiter.
«Und du bist hier in Münsingen aufgewachsen?»
«Ja schon. Aber auch ich habe eigentlich keine richtigen Eltern.»
Auch Gerda fragte nicht weiter. Ich war froh, und wir sprachen wieder über die Heilsarmee und über Tante Marie. Gerda taute auf, machte auch ein paar Witze über Tante Marie, und wir beide lachten herzhaft.
Nach dem Essen bezahlte ich die Rechnung. Ich kramte meinen ganzen Lohn hervor und achtete darauf, dass Gerda sehen konnte, wie viel Geld ich besass. Dann begleitete ich sie zurück ins Spital, zum Personalhaus. Dort hatte sie ein Dienstzimmer.
Wieder hatte ich mein Fahrrad dabei. Gerda ging rechts von mir. Wir redeten nicht viel. Es war ziemlich dunkel. Ich hätte gerne den Arm um sie gelegt, aber ich getraute mich nicht. Und das Fahrrad störte.
Vor dem Personalhaus verabschiedete sich Gerda rasch. Sie bedankte sich für das Essen und den schönen Abend. Dann rannte sie davon.
Ich schwang mich aufs Fahrrad, brauste den Berg hinunter und pfiff dabei ein Lied. «Lasst den Sonnenschein herein, ein Mutterherz allein.»
Das sangen wir immer in der Heilsarmee.

Gerda und ich trafen uns öfter. Wir gingen zusammen essen oder spazieren, wir redeten manchmal auch fast nichts. Ich hatte grosses Verlangen nach ihr und ihrem Körper, aber ich getraute mich nicht, sie anzufassen. Hie und da eine flüchtige Berührung, zum Abschied ein schneller Kuss auf die Wange. Mehr nicht. Ich wollte meine neue Liebe nicht zerstören. Ich hatte zum ersten Mal in meinem Leben einen Menschen, der mich aufrichtig liebte. Keine Grossmutter, die mich liebte, weil ich ihr Enkel war. Kein Lehrer, keine Heilsarmee, die mich liebten, weil ich tat, was sie von mir verlangten. Nein, Gerda liebte mich. Nicht den kleinen Hanspeter. Nicht Kamerad Streit. Sondern mich: Hanspeter Streit.
Das machte mich glücklich.
Tante Marie bemerkte unser Verhältnis und sprach mich auf Gerda an.
«Du gehst oft mit ihr aus», sagte sie. Ihre Stimme klang warmherzig wie immer.
«Ja», sagte ich schüchtern. Ich hatte grossen Respekt vor ihr.
«Du magst sie.»
«Ja.»
«Und sie mag dich.»
«Ich glaube schon, ja.» Ich wusste nicht, worauf Tante Marie hinauswollte.
«Liebst du sie?»
Ob ich sie liebte? Sie liebte mich, das war doch die Hauptsache. Ich gab keine Antwort.
«Wäre es nicht schön», sagte Tante Marie weiter und kurbelte ihre Stimme einen Halbton höher. «Wäre es nicht schön, wenn Gerda auch in der Heilsarmee wäre?»
Ich war begeistert von dieser Idee. Am Abend fragte ich gleich Gerda, und auch sie fand das grossartig. Sie meldete sich bei Tante Marie und wurde Rekrutin der Heilsarmee Münsingen.
Jetzt wurde unsere Beziehung noch intensiver. Bald wusste jeder im Dorf, dass wir befreundet waren, auch meine Kameraden vom Heilsarmeekorps. Sie fanden das normal, obwohl ich Offiziersanwärter war. Tante Marie beobachtete uns mit wachsamem Auge. Natürlich durften Offiziersanwärter eine Freundin haben,

aber diese sollte sich genauso für die Heilsarmee engagieren. Gerda war ein einfaches Mädchen aus der Spitalwäscherei, und Rekrutin war sie nicht wegen der Heilsarmee, sondern nur wegen mir geworden, damit sie öfter mit mir zusammensein konnte. Das gefiel Tante Marie gar nicht.

An einem Samstag fuhr ich mit Gerda nach Bern in eine Bijouterie. Wir kauften zwei Silberringe und liessen unsere Namen eingravieren. Dann tauschten wir die Ringe, steckten sie uns gegenseitig an die Finger und besiegelten damit unsere Freundschaft. Beim Abschied küsste ich sie auf den Mund. Mein Verlangen wurde stärker. Aber Gerda sagte, ich solle noch ein wenig warten.

Am Sonntag hielt ich wie immer meine Predigt in der Sonntagsschule. Mein Silberring glänzte.

Nach der Predigt kam sofort Tante Marie zu mir.

«Hanspeter, ich muss mit dir reden.» Ihre Stimme klang nicht mehr warmherzig, sie klang streng und befehlsmässig.

«Du musst den Ring sofort ablegen. Das geht nicht. Jeder sieht, dass du mit einem Mädchen ‹schätzelst›. Das darfst du nicht. Vergiss nicht, du bist Anwärter zum Offizier, die Heilsarmee hat noch viel mit dir vor. Also leg den Ring ab und gib die Beziehung zu Gerda auf. Sie ist einfach nicht die richtige Frau für dich.»

Ich erschrak, steckte meine Hand mit dem Finger in die Tasche, aber ich liess den Ring am Finger. Tante Marie stapfte zur Tür hinaus.

Sie nahm auch Gerda ins Gebet. Es sei schmutzig, was sie mit mir mache. Sie sagte ihr, dass sie vom Lieben Gott bestraft würde, weil sie einen Offiziersanwärter verführen wolle.

Gerda weinte fürchterlich, als wir uns trafen. Wir trugen unsere Ringe immer noch. Es war schon spät und stockdunkel. Zwar hatte es keine Wolken am Himmel, aber der Mond war noch nicht aufgegangen. Nur die Sterne funkelten. Wir standen unter einem Baum, nahe beim grossen Parkplatz. Das Auto, das heranfuhr und gleich hinter uns parkte, bemerkten wir nicht.

Ich nahm Gerda in die Arme. Sie drückte sich fest an mich, an

meine steife Uniform der Heilsarmee. Ich wischte Gerda die Tränen ab, küsste sie auf die Wange, auf die Stirn, auf die Nase. Dann auf den Mund. Ihre Lippen waren heiss. Ich spürte, wie sie den Kuss erwiderte, ich spürte plötzlich ihre Zunge. Sie wehrte sich nicht mehr, endlich wollte auch sie, dass es passierte. Meine Hände fuhren unter ihren Mantel, unter ihren Pullover. Wir küssten uns immer weiter und dann – ihr Busen war gross und fest, ich betastete ihn, zuerst langsam, dann ganz wild. Gerda küsste mich immer heftiger. Ich tastete mich zu ihrem Bauch, knöpfte ihr Hemd auf. Ihre Haut war zart und weich.
Ein Mann schrie irgend etwas. Gerda und ich fuhren zusammen, liessen uns los. Schnell knöpfte sich Gerda das Hemd zu.
Der Mann knallte die Autotüre zu und kam langsam näher.
Das schwache Licht der Strassenlaterne erhellte sein Gesicht. Ich kannte ihn flüchtig von der Heilsarmee. Er war ein paarmal bei uns in Münsingen aufgetaucht.
«Was macht ihr hier?» brüllte er.
Wir sagten kein Wort.
«Das ist eine Schande für die ganze Heilsarmee. Das wird Folgen haben.»
Der Mann drehte sich um, ging zu seinem Auto, stieg ein und brauste davon.
Wir blieben lange Zeit wie angewurzelt stehen. Dann setzte sich Gerda unter den Baum und begann wieder zu weinen. Ich setzte mich zu ihr, hielt ihr die Hand. Sie zog sie weg.
«Jetzt ist alles aus, Hanspeter. Wir werden uns nie mehr sehen können, wir werden nie mehr ...» Ihre Stimme wurde von den Tränen erstickt.
Ich schwieg.
Gerda erholte sich langsam. Sie kramte ein Taschentuch hervor, rieb sich die Tränen aus den Augen und putzte ihre Nase. Dann ergriff sie meine Hand, berührte mit ihren Fingern meinen Ring.
«Hanspeter», begann sie. «Hanspeter, wir dürfen uns nicht mehr sehen, wir dürfen uns nicht lieben. Der Liebe Gott hat es uns verboten. Er hat mit dir Grösseres vor. Du bist Offiziersanwärter der Heilsarmee, und ich bin nur ein einfaches Mädchen, das in einer Wäscherei arbeitet. Wir werden unsere Ringe ablegen. Wir

werden sie aufbewahren. Die Ringe werden uns immer an unsere Zeit erinnern, an die glücklichste Zeit unseres Lebens.»
«Hör auf Gerda!» Ich sprang auf. Ich war wütend und packte sie am Arm. «Nein Gerda, das werden wir nicht tun. Komm!» Ich nahm sie an der Hand, und wir rannten ins Dorf hinunter, durch die menschenleeren Strassen, vorbei am Kindergarten, vorbei an der Schule, über das Bahngleis. Ich schwitzte. Ich öffnete mit einer Hand die Knöpfe meiner Uniform, zerrte, riss. Mit der anderen Hand hielt ich Gerda fest. Wir rannten, bis wir bei mir zu Hause waren.
Mein Vater und meine Stiefmutter waren noch wach. Auch meine Grossmutter sass noch im Wohnzimmer. Ich sagte kein Wort, ich stellte ihnen nicht einmal Gerda vor, obwohl sie sie noch nie gesehen hatten. Wir stürmten ins Zimmer von Grossmutter und mir.
Jetzt erst liess ich Gerda los. Ich zog meine Uniform aus und stieg in meine gewöhnlichen Kleider. Ich packte die Uniform, legte sie sorgfältig zusammen, noch pedantischer als sonst, damit ja keine Rümpfe entstehen würden, denn ich wusste, dass ich sie nie mehr anziehen würde. Dann hängte ich sie in Grossmutters Schrank. Der Schrank roch noch immer nach Mottenkugeln.

3.

Gerda und ich heirateten.
Sie liebte mich aufrichtig. Als ich sie fragte, ob sie meine Frau werden möchte, konnte sie gar nichts sagen. Die Tränen liefen nur so über ihr Gesicht. Tränen des Glücks. Sie nickte stumm. Ich liebte sie auch. Liebte ich sie wirklich? Ich glaubte, dass es Liebe sei. Ich mochte sie gern. Ich konnte mit ihr reden, lachen, und ich konnte mit ihr auch einfach nur zusammensein, ohne ein Wort zu reden. Liebe? Da war kein Feuer, das lichterloh brannte. Da war kein nervöses Gefühl im Bauch. Da war keine schmerzende Sehnsucht. Und da war auch plötzlich kein sexuelles Verlangen mehr.
Ich schmuste und kuschelte gern mit Gerda. Aber mit ihr schlafen wollte ich nicht. Ich hatte zwar noch nie mit einer Frau geschlafen, und ich wollte es jetzt tun. Aber nicht mit Gerda. Nicht mehr. Wir kannten uns schon viel zu gut. Gerda war für mich wie eine Schwester.
Trotzdem heiratete ich sie. Ich war gerade 20 Jahre alt und redete mir ein, dass ein solches Verhältnis zu einer Frau nur Liebe sein könne. Ich glaubte, der Liebe Gott habe uns zwei zusammengeführt, wir seien füreinander bestimmt. Ausserdem war es ein Protest gegen die Heilsarmee und gegen meine Eltern. Ich wollte beweisen, dass ich erwachsen und unabhängig genug war, um eine eigene Familie zu haben.
Die Hochzeit war kein berauschendes Fest. Aber es war ein schöner Tag. Gerda strahlte übers ganze Gesicht, in ihrem langen weissen Kleid sah sie gut aus. Es waren einige von Gerdas Freunden aus Basel gekommen. Gerda stellte mich ihnen voller Stolz vor. Wenn wir zwischendurch ein paar Sekunden alleine waren, fiel sie mir um den Hals, flüsterte mir ins Ohr, wie sehr sie mich liebe und wie überglücklich sie sei.
Auch ich war glücklich. Nur die Nacht machte mir ein bisschen Angst. Schliesslich kam doch jetzt die Hochzeitsnacht, und da musste es endlich passieren.

Natürlich trug ich sie über die Schwelle unserer neuen Wohnung in Rubigen, einem Nachbardorf von Münsingen. Dann standen wir im Schlafzimmer. Es war so peinlich. Keiner von uns beiden getraute sich, den ersten Schritt zu machen. Wir standen da und sprachen kein Wort. Dann mussten wir lachen. Ich umarmte sie, wir küssten uns, und langsam zog ich sie aus. Das dauerte eine ganze Weile. Das Kleid war ziemlich kompliziert, und ich staunte nicht schlecht, was Gerda noch alles darunter trug. Ich hatte ja auch überhaupt keine Übung. Als Gerda nackt war, hüpfte sie aufgeregt ins Bett und löschte das Licht. Nun zog ich mich aus und hängte, auch jetzt, die Kleider wie immer sorgfältig auf. Dann legte ich mich zu ihr, ganz nah. Ich spürte ihren Körper, er war so weich. Gerda drehte sich zu mir, und wir streichelten uns lange. Ich spürte, wie Gerda mich nun endlich ganz für sich haben wollte.

Ich schämte mich danach und konnte lange nicht einschlafen. Gerda hatte sich an mich gekuschelt und sah so unendlich friedlich aus. Ich hatte Gerda doch gern, wieso nur hatte ich keine Lust, mit ihr zu schlafen?

Wir taten es sehr selten miteinander. Nur dann, wenn es Gerda wollte. Ich versuchte immer auszuweichen. Entweder ging ich viel später als Gerda zu Bett und hoffte, dass sie schon schlief. Oder ich ging ganz früh ins Bett und stellte mich schlafend, wenn sie ins Zimmer kam und sich zu mir legte. Mit der Zeit machten wir es gar nicht mehr.

Wir sprachen nicht darüber. Wir konnten über alles reden, aber darüber verloren wir nie ein Wort. Dafür redeten wir über Familie und Kinder. Gerda wünschte sich ein Kind. Für mich war das nicht so wichtig, doch hätte ich mich schon gefreut, wenn Gerda schwanger geworden wäre. Ich hätte mich vor allem für Gerda gefreut, weil sie es sich so wünschte. Nur, wie hätte sie überhaupt schwanger werden sollen?

Ich wusste nicht, wie sie darüber dachte. Vielleicht glaubte sie, dass ich immer noch so religiös war und Sex als etwas Schmutziges betrachtete, wie ich das in der Heilsarmee gelernt hatte. Dabei hätte sie ja wissen müssen, dass ich mit der Heilsarmee endgültig abgeschlossen hatte. Ich hatte sogar zu rauchen ange-

fangen. Eines Tages hatte ich mir nach der Arbeit eine Pfeife und Tabak gekauft und sofort ausprobiert. Ich musste fürchterlich husten, mir wurde übel. Trotzdem rauchte ich weiter, schon bald regelmässig. Zuerst war es nur ein weiterer Protest gegen die Heilsarmee, später schmeckte mir das Zeugs wirklich.
Vielleicht glaubte Gerda, ich sei impotent. Aber auch das stimmte nicht. Ich war potent, ich hatte Lust. Und wie. Aber nicht auf Gerda.

Diese Post hatte ich nicht mehr erwartet. Ein unscheinbares, graues Blättchen: Marschbefehl! Rekrut Streit Hanspeter hatte einzurücken. Das machte mir unheimlich angst.
Wie vor ein paar Jahren, als ich mich hatte stellen müssen. Der Militärarzt, der mich damals untersucht hatte, notierte sich, dass ich an Heuschnupfen litt. In der sportlichen Prüfung versagte ich total. Nur im 12-Minuten-Lauf war ich genügend. Im Stangenklettern, Weitsprung und allen übrigen Disziplinen blieb ich weit unter den geforderten Leistungen. Der Aushebungsoffizier stempelte mich deshalb zum Hilfsdienst. Das bedeutete statt 17 Wochen Rekrutenschule nur drei. Froh machte mich das damals nicht: entweder war ich ein richtiger Soldat oder überhaupt keiner. Ich vergass die Sache dann allerdings bald und konnte meinen Dienst mehrmals verschieben, weil ich noch in der Ausbildung war.
Ich schloss meine Lehre ab, wechselte die Stelle und wurde bei meinem neuen Arbeitgeber, einem grafischen Betrieb – einem Cliché-Geschäft – in Bern, bald zum Leiter der Schwarz-Weiss-Abteilung befördert. Der Job war interessant, obwohl es eigentlich nicht das war, was ich wirklich wollte. Ich träumte davon, einen sozialen Beruf auszuüben. Aber ich war ja ein verheirateter Mann und hatte zuerst einmal dafür zu sorgen, dass wir Geld zum Leben hatten. Mit meinem Vater und meiner Stiefmutter hatte ich keinen Kontakt mehr. Auch nicht mit Grossmutter. Sie war die einzige, die ich manchmal vermisste. Ich hatte mit meiner Jugend endgültig abgeschlossen, ich hatte ein neues Leben angefangen. Und in diesem Leben gab es vor allem auch keine Heilsarmee

mehr, keine Tante Marie, keine Uniform. Das alles lag so weit zurück.
Ich pendelte jeden Tag von Rubigen mit dem Zug nach Bern und zurück. Wie tausend andere Menschen. Sie sassen alle da mit ihren griesgrämigen Gesichtern, lasen Zeitung und redeten miteinander über Alltäglichkeiten. Ich schaute zum Fenster hinaus und kraulte in meinem Bart, der endlich grösser und voller wurde. Ich grübelte, was ich mit meinem Marschbefehl machen sollte. Seit ich ihn erhalten hatte, waren wieder ein paar Wochen vergangen, der Termin kam immer näher, die Angst davor wurde immer grösser. Es war nicht einfach Widerwille, sondern wirkliche Angst vor diesem Militär. Würde ich mich dort überhaupt zurecht finden, würde ich diese Leistungen bringen können? Ich hatte Angst, dass mir etwas passieren oder dass ich es psychisch nicht schaffen würde. Gerda vertrat die Ansicht, dass ich halt einfach gehen müsse, es seien ja nur drei Wochen, das würde ich schon überstehen. Natürlich hatte sie recht, aber meine Angst war einfach zu gross. Einrücken? Nein, das konnte ich nicht.
Ich stieg in Bern aus dem Zug und ging in die erste Telefonzelle, an der ich vorbei kam. Ich nahm das Stadtberner Telefonbuch hervor und schlug es unter «Ärzte» auf. Ich fing beim A an, Dr. Abegger, Kinderarzt, dann Dr. Aebersold, Allgemeinpraktiker, der gefiel mir noch nicht richtig, Dr. Aenishänsli, Frauenarzt undsoweiter, bis ich beim G angekommen war: Dr. Galliker, Fritz, Herzspezialist. Das schien mir der Richtige. Ich warf eine Münze in den Apparat und stellte die Nummer ein. Ein Fräulein mit einer hohen freundlichen Stimme nahm ab. Ich sagte, dass ich mit dem Herrn Doktor einen Termin vereinbaren möchte. Sie fragte mich nicht einmal, was ich denn habe, sondern trug mich einfach für nächste Woche ein. Ich legte auf und ging zur Arbeit.
Ich war noch nie bei einem Arzt gewesen, aber dieser erste Termin stimmte mich hoffnungsvoll.
Abends erzählte ich es Gerda.
«Ich habe mich bei einem Herzspezialisten angemeldet», verkündete ich stolz.
Gerda wurde bleich. «Mein Gott, Hanspeter, was hast du, bist du krank?»

«Nein, nein, ich fühle mich gut», beruhigte ich sie. «Es ist doch nur wegen dem Militärdienst.»
«Wegen dem Militärdienst? Was willst du denn bei einem Herzspezialisten?»
Das wusste ich eigentlich auch nicht. Trotzdem sagte ich den Termin nicht ab. Es war immerhin einen Versuch wert.
Die Praxis von Dr. Galliker war mitten in der Altstadt von Bern, in einem schönen alten Haus mit grossen hohen Räumen, knarrendem Parkett und Stukkaturen an der Decke. Ich trat ein, sagte dem Fräulein guten Tag und bemerkte sofort, dass sie nicht nur eine freundliche Stimme hatte, sondern auch sehr gut aussah. Sie hatte blonde Haare, trug einen weissen Arztkittel, und ihre Füsse steckten in weissen Sandalen. Sie hatte kleine, schöne Füsse. Sie lächelte und führte mich ins Wartezimmer. Ich wurde nervös.
Dr. Galliker war ein grosser, schlanker Mann, hatte seine Haare streng nach hinten gekämmt und bewegte sich schnell und zackig. Ich wurde noch nervöser. Die Praxis war voll von technischen Geräten, die ich noch nie gesehen hatte. Dr. Galliker hiess mich willkommen, notierte sich meine Personalien und fragte mich dann, weshalb ich bei ihm sei.
«Ich muss in fünf Wochen in die Rekrutenschule», sagte ich schüchtern. Ich sass auf einem Holzstuhl, zusammengeknickt, die Hände wie zum Gebet im Schoss gefaltet.
«Ja und?» fragte Dr. Galliker.
«Ich habe Angst, dass ich es nicht schaffen werde.»
«Ach kommen Sie.» Dr. Galliker lachte. «Das glaubt jeder. Aber es hat noch jeder geschafft. Und jedem hat es gutgetan.»
«Aber ich ...»
Dr. Galliker unterbrach mich. «Jaja, auch Ihnen. Ich habe lange genug Dienst geleistet. Ich weiss es.»
Ich war an den Falschen geraten. Dr. Galliker war einer von denen. Er war sicher Oberst oder noch etwas Höheres. Ich knickte noch ein bisschen mehr ein und schielte von unten hinauf zum Doktor.
Und plötzlich begann ich einfach zu reden.
«Wissen Sie, Herr Doktor, Sie könnten jetzt meinen, dass ich mich vor dem Militär drücken möchte. Aber das stimmt nicht. Oh

nein, ich würde sehr gerne ins Militär gehen, ich würde sehr gerne für mein Land dienen. Ich habe jahrelang der Heilsarmee gedient, und das war auch nicht immer angenehm. Aber sehen Sie, ich wurde vom Militärarzt zum Hilfsdienst eingeteilt, wegen meinem Heuschnupfen. Das hat mich sehr enttäuscht. Und dabei habe ich dem Militärarzt nicht einmal die ganze Wahrheit erzählt.» Ich schaute Dr. Galliker ununterbrochen in die Augen. «Ich dachte halt, meine Herzprobleme würden mit der Zeit bessern. Nun sind sie aber noch schlimmer geworden. Ich spüre manchmal plötzlich ein heftiges Stechen in der Brust, dann wird mir ganz schwindlig. Wenn ich zum Beispiel auf den Zug renne, dann fängt das an. Und dann gerate ich in Panik. Ich habe das seit meiner Jugend. Ich hatte eine schwere Jugend, wissen Sie, Herr Doktor. Ich dachte oft an Selbstmord. Jeden Tag musste ich die Bahnlinie überqueren, dann stand ich dort, wartete, bis ein Zug kam, und dachte, jetzt musst du nur noch springen, wie der Mann aus dem Nachbardorf, den niemand gekannt hat. Mein Herz hämmerte jedesmal wie wild. Dann dieser Stich, diese Schmerzen, ich dachte gar nicht mehr daran zu springen, mir wurde übel, und ich musste ins Gras sitzen. Natürlich erzählte ich es zu Hause nie, meine Stiefmutter hätte mir sowieso nicht geglaubt, sondern mich einfach geschlagen. Sie schlug mich immer.»

Es plauderte einfach so aus mir heraus. Dr. Galliker schwieg. Auch ich schwieg einen Moment. Dann sagte ich: «Verstehen Sie jetzt, Herr Doktor, dass ich Angst habe?»

Er sagte nichts. Ich schaute ihm immer noch in die Augen.

«Machen Sie mal Ihren Oberkörper frei», sagte er endlich.

Ich zog meinen Rollkragenpullover aus und kletterte auf die Untersuchungsliege. Dr. Galliker horchte mit dem Stethoskop meine ganze Brust ab.

«Sind die Schmerzen in letzter Zeit schlimmer geworden?» fragte er.

«Oh ja. Jetzt habe ich manchmal auch Schmerzen, wenn ich mich körperlich gar nicht anstrenge. Zum Beispiel während der Arbeit. Plötzlich ein Stich.»

«Und Sie waren noch nie bei einem Arzt?»

«Nein, früher hatte ich Angst, da hätte ich doch alles meiner

Stiefmutter erzählen müssen. Später habe ich einfach gehofft, dass die Schmerzen von alleine weggehen. Aber stattdessen wurden sie immer schlimmer.»

«Mmmh», machte Dr. Galliker nur und untersuchte mich weiter. Ich musste mich umdrehen und auf den Bauch liegen. Dr. Galliker hörte meinen Rücken ab.

«Aber sonst haben Sie keine Beschwerden?»

«Nein. Ausser meinem Heuschnupfen.»

«Aber die Schmerzen im Herz haben Sie auch im Winter, wenn Sie nicht unter dem Heuschnupfen leiden?»

«Oh ja», sagte ich und gab noch einen drauf: «Dann sind sie manchmal sogar viel stärker.»

Dr. Galliker tastete noch ein bisschen an mir herum und befahl mir dann, mich wieder anzukleiden.

«Ich kann nichts finden», sagte er ernst.

«Nichts?» Natürlich konnte er nichts finden, ich hatte ja auch keine Schmerzen, und Dr. Galliker hatte mich sicher durchschaut.

«Trotzdem dürfen wir die Sache nicht auf die leichte Schulter nehmen.»

«Was meinen Sie damit, Doktor Galliker?»

«Ich will Ihnen keine angst machen. Aber wir müssen wissen, woher Ihre Schmerzen kommen. Deshalb müssen wir weitere Untersuchungen machen.»

«Weitere Untersuchungen?»

«Ja, Röntgenbilder und so, bis wir genau wissen, was Sie haben, Herr Streit. Kommen Sie.»

Dr. Galliker führte mich aus der Praxis zu seiner Arzthelferin.

«Herrn Streit muss ich nochmals untersuchen. Wann ist der nächste Termin frei?»

Das Fräulein gab ihm die Agenda. Dr. Galliker blätterte ein paar Seiten um.

«Da, nächsten Donnerstag, schreiben Sie Herrn Streit ein.» Dann wandte er sich wieder mir zu. «Auf Wiedersehen.» Und schon holte er mit kleinen zackigen Schritten den nächsten Patienten. Das Fräulein fragte mich, ob ich am Donnerstag überhaupt Zeit habe. Natürlich, ich machte mir Zeit. Sie nahm einen Bleistift und schrieb mich ein. Dabei beugte sie sich tief über die Agenda. Ich konnte sehen, dass sie unter ihrem weissen Kittel nur einen Büstenhalter trug.

Es war noch Nacht, als ich die Wohnung verliess. Zum Bahnhof hatte ich zu Fuss etwa zehn Minuten. Ausnahmsweise begleitete mich an diesem Morgen Gerda.
Der Zug kam pünktlich. Ich gab Gerda einen Kuss und stieg ein, suchte mir ein leeres Abteil, öffnete das Fenster und winkte Gerda.
«Mach's gut», rief sie mir zu.
«Ja, du auch.»
«Und pass auf dich auf!»
«Ja, natürlich.»
Gerda hatte Tränen in den Augen. Es war das erste Mal, dass ich für längere Zeit wegfuhr. Es war überhaupt das erste Mal seit unserer Hochzeit, dass wir getrennt waren.
«Ich liebe dich.»
«Ich liebe dich auch, Gerda.»
Dann fuhr der Zug an. Ich winkte ihr noch lange nach. Der kalte Wind zerzauste meine Haare. Dann machte der Zug eine Kurve, ich konnte Gerda nicht mehr sehen und schloss das Fenster. Ich nahm meine Tasche hervor und kontrollierte, ob ich alles eingepackt hatte. Unterwäsche, ein Pullover, mehr brauchte ich nicht, alles andere würde ich bekommen. Auch das Dienstbüchlein hatte ich dabei. Und das Zeugnis von Doktor Galliker.
Obwohl ich noch ein paarmal bei ihm gewesen war, mich hatte röntgen lassen – es hatte nicht viel gebracht. Dr. Galliker hatte nichts gefunden. Wo nichts ist, kann man auch nichts finden. Das hätte ich doch wissen müssen. Zum Abschluss der Untersuchungen hatte mir Dr. Galliker einen verschlossenen Brief gegeben und mir gesagt, dass ich das gleich beim Einrücken dem Militärarzt übergeben solle. Dr. Galliker hatte mir nicht gesagt, was darin geschrieben stand. Aber ich konnte es mir vorstellen: Er, der Militärkopf Dr. Galliker, wird schon erwähnt haben, dass ich ein Simulant bin. Ich fühlte mich ziemlich elend. Der ganze

Aufwand, die hohe Arztrechnung, die Lügerei. Für nichts. Ich überlegte mir, ob ich das Couvert dem Militärarzt überhaupt abgeben sollte.

In Bern musste ich in den Zug nach Lausanne umsteigen. Auf dem Perron beobachtete ich, wie viele andere junge Männer sich von ihren Frauen und Freundinnen verabschiedeten, und dachte kurz an Gerda. Die Männer stiegen ein. Zwei setzten sich zu mir in mein Abteil. Man begrüsste sich kurz, sprach aber dann nicht weiter miteinander. Der Zug fuhr an. Draussen wurde es langsam hell. Ich studierte weiter, was ich mit meinem Arztzeugnis machen sollte.

In Lausanne stiegen wir aus. Wir gingen alle in die gleiche Richtung. Ein paar kannten sich, bildeten kleine Gruppen und spekulierten darüber, was sie heute wohl erwarten würde. Ich wurde immer nervöser, mein Herz begann zu rasen. Am Eingang der Kaserne wurden wir von einem Uniformierten mit einem kurzen «Bonjour» begrüsst. Ein zweiter sagte, dass diejenigen mit einem Arztzeugnis nach links, alle andern nach rechts gehen mussten. Der Zug der Männer teilte sich. Ich blieb stehen. Sofort kam der Soldat zu mir.

«Hier lang, nach rechts», sagte er freundlich. «Oder haben Sie etwa ein Zeugnis.»

Ohne zu zögern, sagte ich: «Ja, ich habe ein Zeugnis.»

«Dann müssen Sie nach links gehen.»

Ich bedankte mich und ging nach links. Auf dem Hof standen ein paar Militärlastwagen, sonst war nicht viel vom Militär zu sehen. Ich kam in einen kleinen Raum, in dem schon ein paar andere Männer warteten, alle hielten ihr Couvert in der Hand. Keiner sprach ein Wort. Ich blickte mich um. Der Raum war kahl, nur neben der Eingangstüre hingen ein paar Zettel, an der Decke brannte eine schwache Lampe.

Jemand kam herein und nahm uns die Couverts ab. Dann warteten wir wieder, bis einer nach dem andern gerufen wurde. Es ging nach dem Alphabet, und ich stellte mich darauf ein, dass es noch eine ganze Weile ging, bis ich an der Reihe sein würde.

«Streit, Hanspeter.»

Ich stand auf und folgte dem Soldaten. Er führte mich in ein

Arztzimmer, das kleiner und einfacher eingerichtet war als jenes von Dr. Galliker in Bern. An einem Schreibtisch sass ein Mann. Er las, murmelte, ohne aufzublicken, ich sollte mich setzen. Ich sah, dass er über meinem Zeugnis brütete. Er hatte eine schönere Uniform als die andern, die ich bisher gesehen hatte. Ich vermutete, dass er Offizier war, aber von der Gradeinteilung hatte ich keine Ahnung.
Es dauerte eine Ewigkeit. Er las und blickte mich nicht an. Dann schrieb er etwas auf und verlangte mein Dienstbüchlein. Auch dort schrieb er etwas hinein. Ich bekam Angst, gleich würde er mich anbrüllen und mich für meine Lüge bestrafen.
Er griff zu einem Stempel, hämmerte in mein Dienstbüchlein, klappte es zu, stand auf und gab es mir.
«Sie sind dienstfrei. Sie können nach Hause gehen.» Jetzt sah ich, dass er funkelnde blaue Augen hatte.
Ich nahm das Büchlein, bedankte mich und ging hinaus. Ich ging mit meiner Tasche in der Hand quer über den ganzen Hof zum Ausgang, einfach hinaus. Weiter zum Bahnhof, suchte ein Telefon und rief Gerda an. Als ich ihr sagte, dass ich mit dem nächsten Zug nach Hause kommen würde, schrie sie ins Telefon, sie sei so glücklich.
Ich stand auf dem Perron und wartete auf den Zug. Ich hatte es geschafft. Ich hatte Dr. Galliker eine Lüge aufgetischt, einfach eine Geschichte erzählt, und er hatte sie geglaubt. Er hatte mich untersucht, mehrmals, er hatte nichts gefunden, er konnte nichts finden, und trotzdem hatte er mir alles geglaubt.
Die allererste Lüge. Alles war so leicht. So ungeheuer leicht.
Das war fatal.

Es war ein trüber Herbsttag in Basel, als mir Gerda sagte, sie sei schwanger.
Wir nahmen uns in die Arme und küssten uns. Wir waren glücklich. Ich hielt meine Hand auf ihren Bauch.
«Da drinnen wächst unser Kind.»
«Ja, Hanspeter. Ist das nicht wunderbar?»
Gerda hatte es sich so gewünscht. Auch ich hatte es mir ge-

wünscht. Vielleicht nicht so stark wie Gerda, aber das lag daran, dass ich mir nicht richtig vorstellen konnte, Vater zu werden.
«Jetzt werden wir eine richtige Familie», sagte Gerda.
«Du und ich. Und das Kleine. Die junge Familie Streit.» Wir schwiegen eine Zeitlang, und ich bildete mir ein, den Herzschlag des Kindes in Gerdas Bauch zu spüren.
«Wie soll das Kind heissen?» fragte ich dann.
Gerda lachte. «Darüber nachzudenken haben wir noch lange Zeit, Schatz.» Sie schaute mich lieb an, ihre Augen leuchteten. Hatten sich meine Eltern auch auf mich gefreut? Was hatte mein Vater damals gedacht? Warum habe ich meine richtige Mutter nie kennengelernt? Ich wusste es nicht. Meinen Vater hatte ich nie danach gefragt. Und jetzt war es zu spät. Ich war schnell erwachsen geworden und hatte einen grossen Abstand zu meinem Vater und zu meiner Stiefmutter bekommen. Wir sahen sie nur selten, wollten sie nur selten sehen. Deshalb war es Gerda und mir leichtgefallen, aus meiner Heimat wegzuziehen.
Kurz nachdem ich vom Militär dienstfrei geworden war und wieder wie gewohnt zur Arbeit fuhr, hatte ich im Zug Otto Hauser kennengelernt. Er war früher Bähnler gewesen und leitete jetzt die Blaukreuzstelle Bern. Er erzählte mir, dass seine Tochter einen schweren Unfall gehabt und nur durch ein Wunder überlebt habe. Um Gott zu danken, sei er Fürsorger geworden. Ich sagte ihm, dass auch mich dieser Beruf interessieren würde, Reprofotograf sei ich nie gerne gewesen.
Wir trafen uns jeden Morgen. Wegen ihm verzichtete ich sogar darauf, im Zug meine erste Pfeife zu rauchen, denn Otto Hauser sass immer im Nichtraucherabteil. Eines Tages lud er mich und Gerda zu sich nach Hause ein.
Dass seine Tochter einen so schrecklichen Unfall gehabt hatte, sah man ihr nicht an. Sie war wunderschön. Sie bediente uns den ganzen Abend. Sie gefiel mir, aber nur selten trafen sich unsere Blicke.
An diesem Abend fragte mich Otto Hauser, ob ich für ein paar Monate in der Heilstätte für alkoholkranke Männer in Ellikon an der Thur arbeiten möchte, um den Fürsorgerberuf näher kennenzulernen.

Ich wusste nicht, wo dieses Ellikon lag, aber ich war begeistert. 18 Monate lang blieben wir in der Ostschweiz. Ich war Praktikant, und Gerda hatte einen Halbtagesjob in der Wäscherei der Heilstätte. Es war eine schöne Zeit. Ich lebte mich schnell in Ellikon ein. Mit dem Heimleiter kam ich bestens zurecht, und auch mit den Patienten hatte ich schon bald ein gutes, freundschaftliches Verhältnis. Manchmal sass ich stundenlang mit ihnen zusammen, sie erzählten mir ihre Geschichten und ihre Probleme, und ich lernte zuhören. Ich lernte, dass die Menschen zwar immer miteinander reden, aber einander gar nicht richtig zuhören. Ich sass da, stützte meine Arme an der Tischkante auf, faltete die Hände, schaute den Männern in die Augen und hörte stumm zu. Ab und zu nickte ich, kraulte in meinem Bart oder zupfte meinen Rollkragenpullover zurecht. Ich trug meistens Rollkragenpullover, auch im Sommer. Wenn es mir wirklich einmal zu heiss wurde, krempelte ich die Ärmel zurück.
Die Männer redeten und redeten, und ich merkte, wie es ihnen immer leichter fiel, wie sie befreit wurden. Da war jemand für sie da. Ein Zuhörer.
Ich wurde der beste Zuhörer.
Jetzt wusste ich, was ich mit meinem Leben anfangen wollte. Ich wusste nach diesen 18 Monaten, dass ich Fürsorger werden wollte.
So meldete ich mich beim Verband der schweizerischen Fürsorger für Alkoholgefährdete zur berufsbegleitenden Ausbildung an und bekam eine Stelle beim Blaukreuz in Basel. Der Heimleiter in Ellikon hatte mich zwar gebeten zu bleiben, doch die neue Aufgabe reizte mich, und auch Gerda freute sich, nach Basel zu zügeln, schliesslich war sie dort aufgewachsen und hatte viele Freunde. Und kaum waren wir eingezogen, wurde sie schwanger.
Da war für Gerda das Glück perfekt.
Cornelia wurde am 26. Juli 1971 im Basler Frauenspital geboren. Wenn es ein Mädchen ist, wird es Cornelia heissen, darüber waren Gerda und ich uns längst einig. Wir nannten sie vom ersten Tag an Conny.
Als ich zum ersten Mal meine Tochter vorsichtig auf den Armen trug und sie mich anblinzelte, fühlte ich mich sehr gut, sehr leicht.

Ich hatte meinen Traumberuf, eine liebe Frau und Conny. Mit diesem Kind war auch das grosse Problem zwischen Gerda und mir gelöst, wir mussten nicht mehr miteinander schlafen. Das Thema Sex war für mich abgeschlossen.
Bis ich, drei Jahre später, im Herbst 1974, Beatrice kennenlernte.

Ich ging morgens früh weg, kam nur kurz zum Mittagessen nach Hause, und abends wurde es meistens auch sehr spät, dann musste ich für mein Fürsorgerdiplom lernen. Für mich gab es nur noch die Arbeit. Conny sah ich fast nur am Wochenende.
Ich spielte gerne mit ihr. Wir spielten Verstecken, ich baute ihr aus Holzklötzen ein Dorf oder half ihr in der Puppenstube ein bisschen aus. Bei schönem Wetter schlenderten wir dem Rhein entlang und beobachteten die grossen Schiffe, die geschickt zwischen den Brücken hindurch flussabwärts kurvten. Wir gingen auch oft in den Zoo, und ich erklärte ihr, wie die verschiedenen Tiere lebten. Wenn sie müde wurde, durfte sie auf meinen Schultern sitzen. Das liebte sie ganz besonders. Gerda blieb manchmal stehen und schaute uns an. Sie hatte dann ein strahlendes Lächeln.
Alles war so schnell gegangen. Conny war kein Baby mehr, sie war ein hübsches kleines Mädchen geworden, sie konnte selber essen, sie konnte laufen, und sie konnte auch sprechen. Aber ich bemerkte das alles erst, wenn der grosse Schritt bereits passiert war. All die kleinen Zwischenstufen bekam ich nicht mit. Dafür war ich zu sehr mit meinem Beruf beschäftigt.
Die Prüfung für das Fürsorgerdiplom schaffte ich ohne Probleme. Ich hatte mir Mühe gegeben, denn ich wollte nicht nur genügend, sondern sehr gut abschliessen. Neben meiner Arbeit beim Blaukreuz gab ich auch noch Unterricht an den Basler Schulen. Ich lehrte Deutsch und Lebenskunde. Lebenskunde war zwar ähnlich wie Religionsunterricht, doch «Lebenskunde» tönt viel moderner, und ich achtete auch immer darauf, dass ich sehr lebensnah erzählte. Lehrer zu sein machte mir grossen Spass.
Eines Morgens sagte ich Gerda, dass ich in Zukunft nicht mehr zum Mittagessen nach Hause kommen könne.

«Musst du jetzt auch noch über Mittag arbeiten?» fragte sie mich.
«Dann siehst du uns ja noch weniger.»
«Ja, Gerda, leider.»
«Ich verstehe das schon, schliesslich bist du Fürsorger und musst für die Leute da sein. Auch über Mittag.»
«Ja, so ist es.»
Aber nein, so war es nicht! Ich konnte es ihr nur nicht sagen. Gerda strich der Kleinen über den Kopf und schaute mich traurig an.
«Du musst gehen, sonst kommst du zu spät. Ich verstehe dich wirklich, Hanspeter.»
Ich ging zur Tür hinaus und fühlte mich ziemlich mies. Wie konnte ich nur meine Frau belügen? Und mein Kind!
Aber am Mittag waren alle Skrupel vergessen.
Kurz vor 12 Uhr klopfte sie dreimal an meine Tür und trat ein. Beatrice war sehr schlank, hatte rotbraune Haare und viele Sommersprossen. Sie trug meistens einen Jupe und eine Bluse, die sie immer bis zum obersten Knopf zugeknöpft hatte.
Ich kannte sie vom Blaukreuzhotel, das schräg vis-à-vis von meinem Büro am Petersgraben lag. Sie arbeitete an der Reception. Ich traf dort manchmal Klienten und Leute vom Sozialamt oder trank schnell einen Kaffee. So lernten wir uns kennen, wir plauderten ein bisschen, ich erfuhr, dass sie drei Jahre jünger war als ich, erst vierundzwanzig, und dass sie eigentlich Krankenschwester gelernt hatte. Manchmal brachte ich ihr ein kleines Butterherz vorbei. Sie freute sich, und ich machte ihr Komplimente. Wir schäkerten miteinander.
Beatrice schloss die Tür hinter sich. Langsam kamen wir einander näher. Wir sagten nichts, nicht einmal «guten Tag». Wir waren ganz nah, wir küssten uns zärtlich. Dann zog ich schnell die Vorhänge zu, Beatrice löschte das Licht, und wir fielen übereinander her. Wir rissen uns die Kleider vom Leib. Für einmal achtete ich nicht darauf, dass die Kleider sauber zusammengefaltet wurden, es war mir egal, ich wollte Beatrice, jetzt, so schnell wie möglich.
Wir liebten uns, und es war wundervoll. Für mich war es das erste Mal Sex. Richtiger Sex. Es war so ganz anders als mit Gerda. Ich

hatte keine Hemmungen, ich konnte mich vergessen, mich hingeben, ich konnte einfach geniessen.
Erschöpft blieben wir auf dem kleinen Sofa, auf dem sonst meine Klienten sassen, liegen.
Ich blickte auf die Uhr, wir standen auf und kleideten uns an. Ich zog die Vorhänge zur Seite und öffnete das Fenster. Beatrice warf ihre Haare in den Nacken, schloss noch schnell den obersten Knopf ihrer Bluse und schickte mir von der Tür einen Handkuss zu.
Als ich in dieser Nacht zu meiner Frau ins Bett kletterte und sie mich umarmte, konnte ich lange nicht einschlafen. Mein Gott, was habe ich getan! Es war passiert.
Und es passierte immer wieder. Ich traf Beatrice, wir schliefen miteinander, und es war jedesmal phantastisch. Ich liebte sie. So ganz anders als Gerda. Wenn ich Beatrice sah, wurde ich nervös. Mein Herz explodierte, meine Gefühle gerieten ausser Kontrolle. Niemand merkte etwas von unserem Verhältnis, weder meine noch ihre Arbeitskollegen. Natürlich küssten wir uns nicht in der Öffentlichkeit, überhaupt waren wir vorsichtig. Aber jeder, der die Augen offen hatte, hätte unsere Liebe bemerken können. Beatrice und ich waren anders zueinander als zu den übrigen Kollegen, ich brachte ihr auch immer kleine Geschenke mit. Aber niemand sagte etwas, niemand machte auch nur die kleinste Bemerkung. Beatrice und ich liebten uns immer mehr und immer öfter. Ich erlebte Gefühle, die ich nicht kannte. Ich konnte und wollte sie nicht stoppen.
Aber da waren auch noch Gerda und Conny, mein Job, mein Unterricht an der Schule. Mein Gewissen. Ich fühlte mich gestresst. Was sollte ich tun?
Ich suchte einen Psychiater auf. Wenn ich anderen Menschen helfen konnte, warum sollte nicht jemand anderes mir helfen können?
Der Mann war der Vater einer meiner Schülerinnen. Nur deshalb bekam ich überhaupt einen Termin bei ihm, denn er war eine Kapazität.
Zuerst sprachen wir über die Schule. Er lobte mich und sagte, wie gerne seine Tochter bei mir in den Unterricht gehe.

Dann erzählte ich ihm meine Geschichte. Er hörte mir aufmerksam zu und machte sich einige Notizen.
«Was soll ich tun?»
Er schwieg, schaute mich kurz an, rückte seine Brille zurecht und starrte dann wieder auf seinen Block.
«Ich liebe Beatrice. Aber ich habe eine Frau und ein Kind.»
Er schwieg noch immer, schaute mich jetzt aber wenigstens an.
«Sehen Sie», begann er dann endlich. «Sehen Sie, das ist keine einfache Situation.» Wieder schwieg er eine Weile. «Ich glaube aber, dass Sie sich gegen Ihre Gefühle nicht wehren sollten. Sie sollten Ihre Gefühle ausleben, Herr Streit.»
Natürlich war es das, was ich eigentlich hören wollte. Aber war das ein guter Rat?
Ich versuchte es bei einem zweiten Psychiater, in der Poliklinik. Wieder erzählte ich die ganze Geschichte, und wieder schwieg der Psychiater lange. Dann begann er mich über die Gefühle zu meiner Frau auszufragen und bemerkte schliesslich, dass es eine schwierige Situation sei.
Ich blickte auf die Uhr und sagte: «Ich muss jetzt leider zur Arbeit.»
Ich war wütend. Dass die Situation schwierig war, wusste ich selbst. Jedem, der mit diesem Problem zu mir gekomen wäre, hätte ich geraten, das Verhältnis abzubrechen. Ich hätte ihm gesagt, dass er seine Gefühle in den Griff bekommen müsse, dass er sofort mit seiner Frau sprechen solle.
Ratschläge konnte ich immer gute geben. Aber sie selbst befolgen?
Am Abend traf ich Beatrice, und wir liebten uns wieder in meinem Büro.
Hatten die beiden Psychiater nicht versucht, mir mein Liebesabenteuer auszureden, weil sie genau wussten, dass ich Beatrice auf keinen Fall aufgeben würde?
Gerda fragte mich später, wo ich so lange gewesen sei.
Ein Klient habe mich aufgehalten, sagte ich.

«Ich muss mit dir reden, Gerda.»
«Ja, Hanspeter, gleich, ich muss nur die Kleine zuerst ins Bett bringen.»
«Aber ich will nicht ins Bett.» Conny protestierte, sie verzog ihr Gesicht zu einer Grimasse und fuchtelte mit den Armen.
«Ich will mit Papi spielen.»
«Nein Conny, Mami hat gesagt, du sollst ins Bett, also gute Nacht.» Ich gab ihr einen Kuss.
Sie gehorchte. Gerda begleitete sie in ihr Zimmer. Ich ging in die Küche und kochte Kaffee.
Wein, Bier, Alkohol überhaupt waren für Blaukreuzfürsorger tabu. Ich hatte keine Mühe damit, schliesslich hatte ich schon in der Heilsarmee nichts trinken dürfen. Ich war längst nicht mehr wütend auf die Heilsarmee, konnte ich doch als Lehrer und Fürsorger von den gewonnenen Erfahrungen profitieren und sie weitergeben.
«Wir müssen leise sein, Conny schläft noch nicht.»
Ich schenkte den Kaffee ein, holte die Milch aus dem Kühlschrank und setzte mich dann zu Gerda an den Tisch.
«Also Gerda …» Ich wusste nicht, wie ich anfangen sollte. Die Stille wurde mir peinlich.
«Maaamiii!» Conny erlöste mich. Gerda eilte zu ihr.
Nach einer Weile kam sie wieder, nahm einen Schluck Kaffee, sagte, dass er ziemlich stark sei, und ich begann von neuem.
«Gerda, es ist etwas passiert.»
«Was? Ist man mit dir nicht mehr zufrieden beim Blaukreuz?»
«Nein, Gerda …»
«Hat man dir in der Schule gekündigt?»
«Nein.»
«Was dann?»
Wieder zögerte ich eine ganze Weile.
«Hanspeter?»
«Gerda, ich habe jemanden kennengelernt.»
Sie sagte nichts.
«Eine Frau.»
«Ja, und?»
Es war einfach zu blöd. Ich hasste mich.

«Was ist mit ihr?»
«Ich liebe sie, wir haben ein Verhältnis.» Endlich war es draussen.
Gerda stand auf, ging wortlos ins Kinderzimmer, kam wieder, setzte sich, stand auf, ging ans Fenster und schaute hinaus.
Seit meinen Besuchen bei den beiden Psychiatern waren einige Wochen vergangen. Jetzt war Frühling, die Bäume vor unserem Fenster hatten Knospen.
«Gerda, hast du verstanden?»
«Aber Hanspeter, was soll ich machen, ich kann doch nicht ohne dich leben.»
Sie drehte sich zu mir, ich sah ihre Tränen.
Gerda flippte aus. In ihrer Verzweiflung benachrichtigte sie alle ihre Freunde, sie telefonierte sogar mit meinen Vorgesetzten im Blaukreuz. Überall, auch in der Schule, wusste man Bescheid. Hanspeter Streit, der beliebte Lehrer und Blaukreuzfürsorger, ein Ehebrecher. Das war ein kleiner Skandal.
Die verlorene Ehre. Das ärgerte mich. Ich hatte zwar die Wahrheit gesagt, aber meine Ehre verloren.
Unser Pfarrer, den Gerda aus ihrer Jugend kannte, der uns getraut und Conny getauft hatte, gab uns den Rat, uns für eine Weile zu trennen. Ich solle im Blaukreuzhaus vorübergehend ein Zimmer nehmen.
Ich verehrte unseren Pfarrer sehr. Ich bewunderte vor allem seine Rhetorik, wenn er predigte. So müsste man reden können, dachte ich. Wie dieser Mann die Leute in seinen Bann ziehen konnte! Ich hörte ihm immer aufmerksam zu und merkte mir seine Redewendungen und seine Gestikulation. Wenn ich unterrichtete oder mit meinen Klienten sprach, versuchte ich, die Rhetorik des Pfarrers anzuwenden und die Gesten nachzuahmen. Das gelang mir offenbar auch, denn ich hatte in der Schule nie Probleme mit der Disziplin, im Gegensatz zu vielen meiner Kollegen. Meine Schüler waren ruhig und hörten mir gerne zu. Nach der Stunde blieben sie manchmal sitzen und stellten mir Fragen.
Der Rektor der Abteilung Religion und Lebenskunde, ein äusserst freundlicher und aufrechter Mann aus der Ostschweiz, sagte mir mehrmals, dass er froh sei, in mir einen so guten und belieb-

ten Lehrer gefunden zu haben. Das sei nämlich gar nicht leicht, die Jungen seien heute für diesen Unterricht, in dem nicht die Noten im Vordergrund stehen würden, schwer zu begeistern. Immer wenn ich ihn sah, dankte er mir für meinen Einsatz und sagte in seinem spitzen Dialekt: «Machen Sie weiter so, Herr Streit!» Ich mochte ihn sehr.
Ich zog ins Blaukreuzhotel. Im gleichen Haus schlief auch Beatrice ...
Später sagte mir ein älterer Arbeitskollege vom Blaukreuz, ich sollte mich in der Stille oben auf dem Leuenberg im Baselbiet, einem Konferenzzentrum und einer christlichen Heilstätte, besinnen. Auch dies befolgte ich. Und telefonierte jeden Tag mit Beatrice. Ich sagte der Heimleitung, ich suche eine neue Stelle und müsse mich vorstellen. So konnte ich immer wieder weg, um mich mit Beatrice zu treffen.
Eine Stelle suchte ich tatsächlich, nicht weil ich befürchtete, dass man mir in Basel kündigen würde, sondern weil ich eben das Gesicht, die Ehre verloren hatte. So konnte ich nicht weiterarbeiten. Was sollte auch der Rektor, der mich immer so gelobt hatte, von mir halten? Ich fürchtete mich davor, ihm je wieder zu begegnen.
Beatrice unterstützte mich bei meiner Suche. Einmal zeigte sie mir ein Inserat, in dem eine Sozialarbeiterstelle in Lengnau ausgeschrieben war. Ich bewarb mich.
Beatrice hatte inzwischen ihren Job beim Blaukreuzhotel aufgeben müssen. Man hatte ihr immer wieder deutlich gemacht, dass sie verantwortlich dafür sei, dass ich zum Ehebrecher geworden war. Sie ging auf ihren alten Beruf zurück und nahm eine Stelle als Krankenschwester im Chirurgiespital in Richterswil am Zürichsee an. Dort wohnte sie im Schwesternhaus.
Nach dem Aufenthalt auf dem Leuenberg wohnte ich wieder bei meiner Familie, später gingen wir zusammen in die Ferien nach Adelboden. Auch das auf Wunsch meiner Vorgesetzten vom Blaukreuz, die noch immer daran glaubten, dass Gerda und ich wieder zusammenfinden würden.
Wir wohnten in einem schönen Chalet bei Frau Matthys und ihrem Sohn Urs, einem jungen Architekten mit einem schwarzen

Schnauz. Urs war nur selten zu Hause. Mit seiner Mutter waren wir schnell befreundet, und ich fragte sie, ob ich ab und zu ihr Telefon benützen dürfe, weil ich eine Stelle suche. Ich fragte auch, ob ich ihre Nummer angeben dürfe, damit ich, obwohl ich in den Ferien war, erreichbar sei. Denn ich wartete auf den Bescheid aus Lengnau. Dort war ich in die engere Auswahl gekommen. Frau Matthys hatte nichts dagegen, sagte, dass wir uns ganz wie zu Hause fühlen sollten. Die Offenheit erstaunte mich, sie kannte uns doch gar nicht.

Adelboden gefiel mir sofort. Trotz der vielen Touristen hatte Adelboden seinen Bergdorfcharakter nicht verloren. Die ersten Sonnenstrahlen am Morgen, die imposanten Berge, bedrohlich, aber auch majestätisch und beruhigend, die frische, herbe Luft, das laute Gebimmel der Kuhglocken, wenn ein Bauer seine Tiere in den Stall trieb, um sie zu melken, die Menschen, die langsam aus den Häusern kamen, sich grüssten und für einen kleinen Schwatz stehenblieben – das alles war einfach herrlich.

Ich unternahm viel mit Conny. Ich ging mit ihr spazieren, wir spielten zusammen. Sie war ein gutes, fröhliches Kind, und ich liebte sie.

Trotzdem traf ich mich auch während diesen Ferien in Adelboden mit Beatrice. Mehrmals. Ich konnte nicht von ihr lassen, ich wollte es auch gar nicht.

Eines Tages kam der Leiter des Heims, in dem Gerda aufgewachsen war, nach Adelboden und lud uns zum Mittagessen ins «Kreuz» ein. Der Mann war ein alter Aristokrat, konservativ, im Nebenamt war er Ersatzrichter. Während dem Essen getraute sich keiner ein Wort zu sagen, jeder würgte stumm das Essen hinunter. Damals, als ich Gerda kennengelernt hatte, war der Mann ganz anders zu mir gewesen, da hatte er sich gefreut, wenn er mich sah, schliesslich war ich damals noch in der Heilsarmee. Aber jetzt war ich ein Ehebrecher.

Nach dem Essen redete er mir ins Gewissen. Ich sagte ihm, dass ich Basel verlassen würde, ich hätte mich in Lengnau beworben und gute Chancen auf diesen Job. Da wurde er richtig zornig und drohte mir, dass er das verhindern werde.

Als er wieder gegangen war, nahm mich Gerda am Arm.

«Hanspeter, du weisst, dass ich ohne dich nicht leben kann. Aber ich kann wohl nicht verhindern, dass du mit ...» sie zögerte, «dass du ... , dass du ein Verhältnis hast.» Immer wenn wir über Beatrice sprachen, vermied sie es, ihren Namen auszusprechen. Ich sagte nichts. Wir schlenderten durch Adelboden. Es war kein schöner Tag. Die Wolken hingen tief in den Bergen, aber wenigstens regnete es nicht.
«Weisst du, Hanspeter, ich glaube, ich kann mich damit abfinden. Ich habe nichts mehr dagegen, wenn du dich mit ihr triffst. Ich verlange nicht mehr, dass du sie aufgibst. Es ist wie mit einer Krankheit, die muss man auch erdulden können. Hauptsache, du bist bei mir.»
Ich war schon ein bisschen erstaunt, als ich das hörte. Aber es gefiel mir. Meine eigene Frau gab mir die Lizenz zum Ehebruch. «Gerda», sagte ich und blieb stehen. «Gerda, du bist eine wundervolle Frau. Es tut mir leid, dass ich dir weh tue. Aber ich kann nicht anders. Es ist schön, dass wir uns einigen können, ich glaube, es ist auch besser für Conny, ich hänge wirklich sehr an ihr.»
Wir umarmten uns. Aber nur kurz.
Als ich Beatrice das nächste Mal sah, erzählte ich ihr nichts von diesem Gespräch. Dafür sagte ich ihr, dass ich diesen Job in Lengnau vielleicht bekomme. Sie freute sich.
«Jetzt wird alles gut, Hämpeli.» Sie nannte mich Hämpeli, und ich mochte es. «Jetzt können wir neu anfangen, wir zwei zusammen.»
Ich wusste, was sie jetzt hören wollte. «Ja Beatrice, irgendwann werden wir ganz zusammensein, ich werde mich scheiden lassen und dich heiraten.» Ich wusste genau, dass das nie der Fall sein würde. Aber ich dachte, es mache sie glücklich, wenn ich ihr wenigstens sagte, ich wolle sie heiraten.
Sie gab mir einen Kuss.
«Aber das geht nicht gleich», sagte ich dann. «Erstens will sich meine Frau nicht scheiden lassen. Noch nicht.»
Beatrice wurde nachdenklich, lächelte mich dann aber an und sagte: «Es muss ja auch nicht gleich sein. Und was ist zweitens?»
«Zweitens ist eine solche Scheidung sehr kostspielig. Im Moment kann ich mir das überhaupt nicht leisten.»

Dabei dachte ich an ein Gespräch mit einem Advokaten in Basel, zu dem mich Gerda nach meinem Geständnis geschleppt hatte. Dieser Advokat hatte mir die Hölle heiss gemacht, was mich dieser Ehebruch kosten würde. Ich war damals nicht sehr beeindruckt von ihm gewesen und hatte ihn gleich wieder vergessen. Nur sein Name hatte mir gefallen.
Er hiess Claudius Alder.

4.

Lengnau ist vielleicht einmal ein schöner Ort gewesen. Aber die Verbindungsstrasse zwischen den beiden Städten Solothurn und Biel, auf der täglich Tausende von Autos vorbeidonnern, schneidet Lengnau in zwei Teile. Der obere Teil des Dorfes liegt am Fuss des Jura, dessen Felsen sich gleich hinter den letzten Häusern mächtig erheben. Der untere Teil des Ortes, auf der anderen Seite der Hauptstrasse und der Bahnlinie, ist ziemlich flach. An einem klaren Tag hat man eine tolle Aussicht, dann kann man sogar die Alpen sehen. Aber leider liegt im flachen Mittelland oft dichter Nebel.
Rund 4500 Menschen lebten 1975 hier. Die politische Führung teilten sich Bürgerliche und Linke. Es hatte ein paar Banken, Läden, einen Coop, ein paar Restaurants. Der «Leuen», der direkt an der Hauptstrasse liegt, war die eigentliche Dorfbeiz, in der man sich nach der Arbeit regelmässig traf. Er gehörte einem ehemaligen Schwingerkönig. Als dieser vom «Leuen» ein paar Meter weiter hinunter in den «Adler» zog, wurde der «Adler» zur Dorfbeiz.
Trotz dieser Durchschnittlichkeit eines typischen Schweizer Dorfes war Lengnau weltbekannt. Hier wurden – und werden – nämlich die berühmten Rado Uhren hergestellt.
Ich trat meine Stelle als Sozialarbeiter am 1. Juni 1975 an. Meine Wahl war sehr deutlich ausgefallen, Gerdas ehemaliger Heimleiter hatte das nicht verhindern können.
Mein Büro lag im obersten Stock der Kantonalbank, einem modernen, hässlichen Betonbau vis-à-vis vom «Leuen». Das Büro war schön und ziemlich gross, eine umfunktionierte Vier-Zimmer-Wohnung.
Zuerst war ich alleine in Lengnau, weil die Wohnung, die wir bekommen sollten, noch nicht frei war. So schlief ich manchmal auf einer Matratze im Büro, manchmal fuhr ich auch nach Richterswil zu Beatrice. Ein schlechtes Gewissen hatte ich dabei nicht mehr, Gerda wusste ja davon und machte mir keine Vor-

würfe. Wie sie mir in Adelboden gesagt hatte, konnte sie damit leben. Jedenfalls tat sie so, als könne sie es. Wir sprachen nie mehr darüber.

Nach zwei Wochen zogen Gerda und Conny zu mir nach Lengnau. Wir wohnten in einer Arbeitersiedlung, in einem grossen Block im unteren Teil von Lengnau. Es war eine einfache Dreieinhalb-Zimmer-Wohnung, aber wir fühlten uns wohl. Gerda und ich waren beide bescheiden aufgewachsen, und wir waren es immer noch.

Der Job gefiel mir ausgezeichnet. Ich hatte vor allem viele Scheidungsfälle, in denen ich als Berater gefragt war, ich musste Familien zu Hause besuchen, in meine Sprechstunden kamen alle möglichen Leute, von Jugendlichen bis zu alten Menschen. Sie erzählten mir ihre Probleme, mit den Eltern, mit den Kindern, mit der Arbeit, mit dem Geld, und immer wieder mit dem Alkohol. Die kleine Tafel unten am Eingang des Gebäudes musste bald durch eine neue ersetzt werden, weil ich längere Sprechstunden machte als mein Vorgänger, denn mein Wartezimmer war meistens voll.

Ich stützte meine Arme an der Tischkante auf, faltete die Hände, kraulte mich ab und zu im Bart oder zupfte meinen Rollkragenpullover zurecht, schaute den Leuten ununterbrochen in die Augen und hörte ihnen einfach zu. Ich musste oft gar nicht viel sagen. Nach der Sitzung gaben sie mir die Hand, strahlten mich an und sagten, dass es ihnen nun viel besser gehe.

Manchmal musste ich auch unerwartet spät am Abend ausrükken, wenn mich jemand anrief, eine weinende Mutter oder ein besorgter Nachbar, der beobachtete, wie ein Vater im Alkoholrausch seine Kinder schlug. Ich ging jedesmal, auch wenn sich dann alles als halb so schlimm herausstellte, schliesslich war es meine Pflicht, und ich nahm sie gerne wahr. Ich war Tag und Nacht für meine Leute da.

Ich nannte meine Klienten «meine Leute», wenn ich dem Gemeinderat oder dem Präsidenten oder sonst jemandem von meiner Tätigkeit berichtete.

Ich wurde schnell eine angesehene Lengnauer Persönlichkeit. Man kannte mich. Auf der Strasse riefen mir die Leute schon von weitem «Guten Tag, Herr Streit, wie geht es» zu. Manchmal blieb ich stehen und plauderte ein bisschen. Ich hatte zwar keine Zeit, doch ich nahm sie mir. Das ist wie mit dem Zuhören. Die Leute können sich nicht mehr zuhören, sie haben nie Zeit.

Ich war nicht nur der beste Zuhörer, ich hatte auch immer Zeit. Ich wurde in verschiedene Vereine und Gremien gewählt. So war ich eine Zeitlang Präsident des Hauspflegevereins mit 800 Mitgliedern, ich war im Vorstand von Pro Juventute und Pro Senectute und Sekretär der Vormundschaftsbehörde. Ich arbeitete wie ein Verrückter, ich war ein «Workaholic», aber ich tat alles mit Freude.

Meine Familie sah ich nur noch über Mittag, wenn ich zum Essen nach Hause ging. Später, als Conny in der Schule war, büffelte ich mit ihr in dieser Zeit Hausaufgaben. Am Abend war ich meistens am Arbeiten oder im «Leuen», um ein Bier zu trinken. Aber das war dann eigentlich auch schon wieder Arbeit. Da kamen all die Leute, die sich nicht getrauten, mich offiziell als Fürsorger während der Sprechstunde zu besuchen.

Am Wochenende war ich nie zu Hause, da besuchte ich Beatrice. Sie war von Richterswil nach Bern gezogen, damit sie näher bei mir war. Ihren Job hatte sie aufgegeben, und sie nahm im Moment auch keinen neuen an, weil sie gesundheitliche Probleme hatte. So fuhr ich jedes Wochenende mit dem Zug nach Bern, manchmal nahm ich auch das Taxi. Ein Auto hatte ich keines, ich hatte nicht einmal den Fahrausweis.

Da Beatrice nicht mehr arbeitete, kam sie bald in Geldschwierigkeiten. Ich machte ihr den Vorschlag, die Wohnung in Bern zu bezahlen, da ich ja oft dort wohnte, manchmal auch unter der Woche. Sie willigte ein und war nun ganz für mich da.

Meistens hatte sie bereits gekocht, wenn ich kam, und ich konnte mich nur noch hinsetzen. Sie kochte ausgezeichnet und viel, ich bekam einen Bauchansatz, später einen richtigen Bauch.

Eines Tages kaufte ich ihr ein neues Auto, weil ihr alter VW-Käfer schrottreif war. Wir suchten uns einen kleinen Mitsubishi aus, blau-métallisé. Das kostete zwar extra, aber ich bestand darauf, dass es métallisé war. Nun holte sie mich jeweils am Bahnhof Bern ab. Wir fuhren entweder zum Essen nach Hause oder ein bisschen aufs Land. Wir machten, wozu wir gerade Lust hatten und genossen die paar gemeinsamen Stunden oder Tage in vollen Zügen.

An einem Sonntag morgen, wir hatten gerade miteinander geschlafen, und ich döste noch ein bisschen vor mich hin, sagte Beatrice plötzlich:

«Wann lässt du dich jetzt endlich scheiden?»

Ich hatte dem heiklen Thema schon oft ausweichen können, aber jetzt, da sie so direkt fragte, liess sich eine Diskussion nicht mehr vermeiden.

«Ich liebe dich doch, das weisst du.» Ich hatte die Augen geschlossen und tat so, als wäre ich im Halbschlaf. Aber es nützte nichts.

Beatrice fuhr mit ihren Händen zärtlich über meinen Oberkörper, küsste mich.

«Weisst du, Hämpeli, ich möchte dich wirklich heiraten.»

«Ja, ich dich auch.»

«Warum tust du es dann nicht?»

Beatrice hatte sich aufgesetzt. Die Gemütlichkeit des Sonntagmorgens war dahin.

«Ich kann einfach noch nicht.»

«Warum nicht? Du liebst deine Frau noch immer, nicht wahr?» fragte sie zaghaft.

Auch ich setzte mich jetzt auf, streichelte ihren Rücken, fuhr durch die rotbraunen Haare und küsste sie auf den Nacken.

«Nein, das ist nicht der Grund.»

«Was dann, Hämpeli?»

Es war ihr wirklich ernst. An ihrer Stimme hörte ich, wie sie den Tränen nahe war.

«Ich kann nicht, weil ich der Fürsorger von Lengnau bin. Ich habe mir eine neue Existenz aufgebaut, ich bin ein geachteter Mann. Wenn ich mich jetzt scheiden lasse, muss ich wieder von vorne beginnen.»

«Aber das ist doch nicht wahr. Das war früher vielleicht so. Heute lassen sich viele Leute scheiden und trotzdem können sie ihren Beruf und ihre Stellung behalten.»

Beatrice hatte natürlich recht. Das sah ich sofort ein und versuch-

te das Thema von einer anderen Seite anzugehen. Ich stand auf, schlüpfte in meine Trainerhosen, zog einen Rollkragenpullover an, kurbelte die Läden hoch und schaute Beatrice an. Sie war noch immer nackt. Sie hatte eine schöne, weisse Haut.
«Beatrice, entschuldige, natürlich, du hast recht. Das ist auch nicht der Grund. Ich wollte es dir erst sagen, wenn es sicher ist, aber jetzt, da du so ungeduldig und neugierig bist ...»
«Was ist?» Sie drehte sich blitzartig um.
Ich lächelte sie an. «Beatrice, ich habe die Scheidung eingereicht.»
Sie sprang aus dem Bett und fiel mir um den Hals. Ich spürte ihren Körper, ihren Busen, ihre Schenkel. Langsam liess ich sie aufs Bett zurückgleiten und streichelte sie zärtlich, bedeckte sie mit Küssen. Sie drehte sich schnell weg und lachte.
«Warum lachst du?»
«Ich bin so glücklich.»
«Ja, Beatrice, weisst du, das dauert noch eine Weile. Ich habe mit dem Gerichtspräsidenten gesprochen, aber er sagte, dass er total überlastet sei und dass es deshalb zur Zeit ganz unmöglich gehe. Ausserdem kostet das ...»
«Aber Hämpeli, das ist jetzt nicht mehr unser Problem.» Sie drehte sich mir wieder zu und sagte schnippisch: «Du vergisst immer wieder, dass du geerbt hast.»
Ach ja, das hatte ich vergessen, die Erbschaft!
Wie hätte ich denn das auch alles bezahlen sollen! Eine Wohnung, eine Familie, die Wohnung meiner Freundin, das Auto meiner Freundin, das Leben meiner Freundin. Mit dem normalen Lohn eines Fürsorgers war das schlicht nicht möglich.
Aber genauso, wie ich eben die Sache mit der geplanten Scheidung und das Gespräch mit dem Gerichtspräsidenten erfunden hatte, war auch die Erbschaft nur eine Geschichte, die ich ihr einmal erzählt hatte, als sie meine Ausgaben nachgerechnet und mich erstaunt nach meiner finanziellen Situation gefragt hatte.
Das Geld hatte ich gepumpt. Und zwar bei einem dieser Kleinkreditinstitute, vor denen ich meine Klienten immer warnte.

Ich sprach nicht allzu viel an diesem Tag. Ich sass auf meinem Stuhl, hörte zu. Oft schweifte ich mit meinen Gedanken ab. Vorne am Rednerpult hielt jemand einen Vortrag, dann gab es eine Diskussion, für die sich einige Leute aus dem Saal heftig engagierten.
In den Pausen und beim Mittagessen wurde die Diskussion fortgesetzt, und viele fragten mich, wie ich das Problem sehe, schliesslich habe man schon viel von mir aus Lengnau gehört. Oh natürlich, sagte ich, das ist eines der grössten Probleme, die Leute geben zu viel Geld aus. Einen Kleinkredit aufnehmen, noch einen und noch einen, und schwups, schon kommen sie aus dieser Spirale nie mehr heil heraus.
Den ganzen Tag wurde darüber geredet. Sozialarbeiter aus der ganzen Schweiz waren in Rüschlikon im Gottlieb-Duttweiler-Institut zusammengekommen, um die Gefahren von Kleinkrediten zu diskutieren. Jeder wusste die noch schlimmere Geschichte aus seinem Berufsalltag zu erzählen. Am Abend waren wir uns alle einig, dass reden nicht viel bringe, dass wir gesetzliche Einschränkungen fordern müssten.
Auf dem Rückweg nach Hause rauchte ich im Zug meine Pfeife, schaute zum Fenster hinaus und dachte über meine eigene Lage nach. Ich wurde mir bewusst, dass ich selber schon längst in dieser Spirale gefangen war.
Ich hatte bei zwei Instituten je einen Kredit von 20'000 Franken aufgenommen, um mein Leben mit zwei Frauen finanzieren zu können. Doch das Geld reichte nicht. Dazu kam jetzt eine Zahnarztrechnung von Gerda, ein Betrag von über 10'000 Franken. Ich hatte beim besten Willen nicht die geringste Ahnung, woher ich dieses Geld nehmen sollte.
Der Zug fuhr sehr schnell.
Gerda war eines Tages vom Zahnarzt mit der Diagnose nach Hause gekommen, dass sie eine aufwendige Operation benötige, um ihre Zähne zu retten. Die andere Variante war eine Prothese. Wir hatten uns für die Operation entschieden, die zwar teurer war als eine Prothese, aber die Vorstellung, dass Gerda ein Gebiss tragen sollte, war für uns unerträglich, schliesslich war sie erst 30 Jahre alt. Wir konnten darüber nur lachen.

Jetzt war die Rechnung gekommen.
Ich liebte die monotonen Geräusche des Zuges, ich liebte es, wenn die Landschaft an mir vorbeizog. Ich versuchte mich zu entspannen, klopfte die Pfeife aus und wollte ein bisschen schlafen.
Ich muss mit den Leuten reden, dachte ich. Ich muss endlich mit meiner Frau reden, ich muss mit Beatrice reden, muss ihr sagen, dass ich Schulden habe, dass ich mich nie und nimmer scheiden lassen kann, ich muss mit meinen Vorgesetzten reden, sie bitten, mir einen Lohnvorschuss zu gewähren, damit ich meine Schulden begleichen kann.
Der Zug fuhr in eine Kurve.
Würde ich den Job wohl behalten können? Die Gemeinde würde sicher von meinem Verhältnis mit Beatrice erfahren. Beatrice würde mich verlassen. Und Gerda?
Mein Gott, alles was ich aufgebaut hatte, würde zerstört. Vielleicht könnte ich mich tatsächlich retten, meine Schulden in den Griff bekommen, vielleicht könnte ich mein Lügengebilde irgendwie erklären. Aber das Gesicht würde ich auf alle Fälle verlieren. Schon wieder, zum zweiten Mal. Ich wäre nicht mehr glaubhaft als Fürsorger, was würden wohl meine Klienten von mir denken? Gerda würde beim Einkaufen von allen Leuten angestarrt und bemitleidet. Conny würde in der Schule von ihren Kameraden ausgelacht.
Der Zug bremste und hielt ziemlich lange vor einem Signal. Das brachte mich auf andere Gedanken. Ich überlegte, was der Grund für diesen Stopp sein könnte. Dann fuhr der Zug wieder an.
Ich wollte Beatrice um keinen Preis verlieren. Aber ich wollte auch Conny nicht verlieren. Ich wollte niemanden verletzen. Beatrice war glücklich, weil ich ihr versprochen hatte, sie zu heiraten. Wenn ich ihr jetzt plötzlich die Wahrheit sagen würde ...
Der Zug war wieder in voller Fahrt.
Verdammt, es musste doch irgendeine andere Lösung geben. Irgend jemand könnte mir sicher helfen.
Draussen war es stockdunkel, manchmal raste ein kleines Licht vorbei.

Es gab tatsächlich jemand, der mir helfen konnte: Wilhelm Lüscher.
Willy war Fürsprecher, ein älterer Herr, eine angesehene Persönlichkeit. Er war in der Freisinnig Demokratischen Partei und arbeitete für die Vormundschaftsbehörde. Deshalb hatten wir viel miteinander zu tun.
Wilhelm Lüscher war auch Mitglied der Philanthropischen Gesellschafts-Union, eines Clubs ähnlich dem Rotary Club. Man traf sich regelmässig, trank einen guten Wein zusammen und palaverte.
Durch Willy war ich einige Male eingeladen worden. Ich war mit den Leuten aus Politik und Wirtschaft gut bekannt, ich war «jemand». Man schätzte meine Anwesenheit, weil ich viel über das Dorf wusste, weil ich vor allem wusste, was das «einfache» Volk beschäftigte.
So hatte ich mich mit Willy angefreundet und wurde bald Mitglied dieser Union.
Ich rief Willy in seiner Kanzlei an.
«Ich habe da ein Problem, das ich mit dir besprechen möchte.»
«Kein Problem, Hanspeter, um was geht es denn?»
«Ich möchte es dir nicht unbedingt am Telefon erzählen, es ist etwas Persönliches.»
«Oh, natürlich, wir können uns treffen.»
Wir vereinbarten noch für den gleichen Tag ein Treffen. Willy fühlte sich geschmeichelt. Der Fürsorger wollte sich bei ihm einen Rat holen!
Wir trafen uns im «Leuen», der Dorfbeiz. Ein rustikales Lokal, Holztische, Holzstühle, an den Wänden hingen Bilder vom Fussballclub, vom Turnverein, ein Foto des Wirtes, als er Schwingerkönig geworden war, in einer Vitrine standen die Trophäen und Pokale, am Buffet war ein Kranz aus Militärpatten angenagelt.
Wir bestellten Rotwein. Da ich weder in der Heilsarmee war, noch für das Blaukreuz arbeitete, durfte ich jetzt Alkohol trinken. Das genoss ich. Ich trank nicht viel, ab und zu nach der Arbeit ein Bier oder ein Glas Wein.
«Also Willy, du weisst, ich möchte mit dir etwas Persönliches besprechen.»

Ich stützte meine Arme an der Tischkante auf, faltete die Hände und schaute ihm in die Augen. Er hatte schöne, dunkle Augen.
«Ich bin nun doch schon einige Jahre hier in Lengnau, und du weisst, meine Klienten sind sehr zufrieden mit mir. Auch die Gemeinde. Es gefällt mir sehr gut. Meiner Frau auch. Und Conny geht gerne in die Schule.»
Es redete einfach so aus mir heraus.
«Nun, meine Familie und ich möchten uns auch einmal Ferien leisten. Wir dachten, wir könnten mal ins Wallis fahren, es muss sehr schön sein dort, und wir waren noch nie richtig in den Ferien. Ja, und auch die Wohnung möchten wir einmal neu einrichten, wir leben immer noch mit den gleichen Möbeln, die wir beide bei unserer Heirat in den Haushalt mitgebracht haben. Die Sachen sind schon ziemlich alt, zum Teil auch kaputt, und du weisst ja, man möchte sich auch mal etwas Neues kaufen.»
Von der Zahnarztrechnung und meinen Schulden erwähnte ich kein Wort. Ich wollte ihm nichts darüber sagen, dazu war ich zu stolz. Das liess mir der Kopf nicht zu.
«Meine Frau und ich haben uns noch nie etwas geleistet», fuhr ich fort.
Willy nickte verständnisvoll.
«Wir beide sind sehr streng erzogen worden, hatten eine schwere Jugend. Gerda wuchs im Heim auf. Auch ich lernte meine richtige Mutter nie kennen und ...»
Ich stockte, wandte den Blick von ihm ab und starrte auf die Tischplatte.
Willy wurde nervös, rutschte auf seinem Stuhl hin und her.
«Das wusste ich nicht», sagte er dann. «Kann ich denn irgend etwas tun?»
«Ach, ich weiss nicht Willy», sagte ich scheinheilig. «Ich glaube nicht, dass ich das von dir verlangen kann.»
«Wir kennen uns doch ziemlich gut, Hanspeter.»
Wir schwiegen eine Weile. Ich hoffte, dass er etwas sagen würde. Das tat er auch.
«Du bist in einem finanziellen Engpass, nicht wahr?»
«Ja, leider, ich weiss nicht warum ...»
«Du musst das nicht weiter erklären», unterbrach er mich. «Das

kann passieren. Das ist doch keine Schande. Ich kann dir aushelfen.»
Wir redeten noch ein bisschen, Willy bezahlte den Rotwein, anschliessend gingen wir an den Schalter der Spar- und Leihkasse Lengnau. Ich verlangte einen Kredit von 20'000 Franken, obwohl die Zahnarztrechnung nur 10'000 Franken betrug. Da Willy dabei war, gab es kein Problem. Willy kannte den Bankangestellten gut. Der Bänkler blätterte das Geld hin, lächelte freundlich und wünschte uns einen schönen Tag.
Endlich hatte ich wieder ein bisschen Luft. Aus den neuen Möbeln wurde natürlich nichts, mit dem Geld konnte ich die Zahnarztrechnung und die Zins- und Zinseszinsen meiner anderen Kredite begleichen, den Rest brauchte ich für das tägliche Leben.
Ich war noch einmal davongekommen.
Ich sah zwar ein, dass ich jetzt noch tiefer in die Spirale hineingeraten war, denn ich hatte jetzt noch mehr Schulden, und auch das Lügengebilde war noch grösser geworden. Ich belog jetzt nicht nur meine Frau, mein Kind und meine Freundin, sondern auch einen guten Freund. Aber die Wahrheit sagen, diesen letzten Ausweg, den ich zu dieser Zeit noch immer hatte, nutzte ich nicht. Die Angst vor dem Skandal war zu gross.
Und es war ja so leicht, durch Lügen Geld aufzutreiben.
Es vergingen ein paar Monate, in denen alles glatt lief. Ich arbeitete Tag und Nacht, die rare Freizeit verbrachte ich mit Beatrice, unbeschwert und zufrieden. Über meine prekäre Situation machte ich mir nicht allzu viele Gedanken.
Bis das Geld wieder alle war.
Ohne zu zögern bemühte ich Willy noch einmal. Ich erzählte ihm wieder die gleiche Geschichte von Ferien und neuen Möbeln. Und wieder zweifelte Willy keinen Moment daran, ging mit mir zur Spar- und Leihkasse. Diesmal verlangte ich sogar einen Kredit von 25'000 Franken. Ich dachte, das würde eine Zeitlang reichen. Der Bankangestellte wurde ernst, doch Willy sagte sofort, dass er für mich bürge. Der Bänkler stellte keine weiteren Fragen, gab das Geld, lächelte und wünschte einen schönen Tag.
Es vergingen einige Monate. Dann war ich wieder gleich weit.

Albert Aschwanden sass immer wieder im Wartezimmer, ich betreute ihn jahrelang.
Aschwanden war Uhrmacher, obwohl er ein wenig schielte. Er arbeitete bei der Rado, trank sehr viel, war geschieden und hatte vier Kinder. Manchmal sass er nächtelang in den Beizen und versoff seinen ganzen Lohn. Dadurch konnte er natürlich die Alimente nicht bezahlen. Ich redete ihm immer ins Gewissen, aber es nützte nichts, das Geld war immer gleich wieder weg.
Als er einmal tagelang nicht auftauchte, auch nicht in den Beizen, besuchte ich ihn zu Hause, zusammen mit einem Polizeibeamten. Was wir sahen, war grauenhaft. Die Wohnung war ein einziges Chaos, leere Flaschen und leere Konservendosen lagen auf dem Fussboden, unter dem ganzen Zeugs hockten Ratten und Mäuse, es stank fürchterlich. Albert Aschwanden ernährte sich hauptsächlich aus Konservendosen. Diese lagerte er reihenweise im Badezimmer und erwärmte sie in der Badewanne mit heissem Wasser. Die Speisereste schüttete er den Abfluss hinunter. Kein Wunder, hatte er Ratten in der Wohnung.
Der Polizist stürmte hinaus und musste brechen. So etwas habe er noch nie gesehen, sagte er später im «Leuen», das sei einfach zu viel für ihn gewesen. Wir tranken beide einen Schnaps.
Trotz allem hatte ich Mitleid mit Albert Aschwanden. Ich half ihm, die Sache mit seiner Wohnung wieder in Ordnung zu bringen, und schärfte ihm ein, dass er sich jetzt endgültig zusammenreissen solle. Ja, ja, das wolle er wirklich, versicherte er mir einmal mehr.
Dann fragte er mich, wie ich das denn mache mit den Finanzen.
Es war ein heisser Sommertag. Trotzdem trug ich einen Rollkragenpullover, wie immer, krempelte jetzt aber die Ärmel zurück. Ich kraulte in meinem Bart, schaute zum offenen Fenster hinaus, stützte dann meine Arme an der Pultkante auf, faltete meine Hände und blickte ihm in die Augen. Da er schielte, wusste ich nicht, in welches Auge ich schauen sollte; so fixierte ich halt seine Nase.
«Ich habe keine Probleme damit», sagte ich. «Ich bin in der glücklichen Lage, dass ich mein Geld sehr gewinnbringend anlegen kann.»

Alberts Augen begannen zu funkeln, sein Silberblick wurde noch silbriger.
«Das ist eine lange und eigenartige Geschichte.»
Albert Aschwanden starrte mich an.
«Ich war ja vor dieser Stelle hier in Lengnau Blaukreuzfürsorger in Basel.» Ich redete ziemlich langsam, überlegte mir jedes Wort. «Dort lernte ich auch Herrn Doktor Moser kennen. Doktor Moser ist Finanzdirektor der Ciba-Geigy in Basel. Ein netter, älterer Herr, ein Monsieur mit Stil, immer tadellos gekleidet, sehr intelligent und gebildet. Er verwaltet alle Finanzen der Ciba-Geigy, eine ungeheuer schwierige und verantwortungsvolle Aufgabe.»
Ich schwieg einen Moment, lehnte mich zurück. Durchs offene Fenster drang der Lärm des Feierabendverkehrs. Ich stand auf und schloss das Fenster. Es wurde ruhig. Ich ging kurz aus dem Büro, um mich zu versichern, dass niemand mehr im Wartezimmer sass. Auf dem Gang traf ich eine Sekretärin aus einem anderen Büro.
«Einen schönen Abend», wünschte ich ihr. Sie war sehr jung und sehr hübsch, sie trug einen ziemlich kurzen Rock und hatte schöne, braungebrannte Beine. Sie war mir schon ein paarmal aufgefallen.
«Sie sind sicher noch am Arbeiten, Herr Streit, wie immer.»
«Ja, ich habe noch einen Klienten bei mir im Büro.»
«Lieber Sie als ich. Ich fahre jetzt nach Biel, an den See, es ist ein so herrlicher Sommerabend. Viel zu schade, um im Büro zu sitzen. Sie sollten das auch einmal tun.»
«Ich weiss, ich weiss. Aber auch wenn ich so braun wäre wie Sie, würde ich längst nicht so gut aussehen.»
«Oh, vielen Dank.»
«Also, geniessen Sie es.»
«Das tue ich. Machen Sie auch nicht mehr allzu lange, Herr Streit.»
«Nein, nein, keine Sorge.»
Ich schloss die Türe zu meinem Büro, setzte mich, stützte meine Arme wieder an der Tischkante auf und faltete die Hände. Albert Aschwanden sass immer noch auf seinem Stuhl und sagte kein Wort. Wir waren ungestört.

Ich begann die Geschichte weiter zu erzählen.
«Dieser Doktor Moser hatte einmal einen ganz schlimmen Unfall.»
Ich stockte einen Moment. Albert schaute mich gespannt an.
«Ende Dezember feierte Doktor Moser mit seinen Mitarbeitern Weihnachten. Sie gingen zusammen essen. Es war an einem Freitag mittag. Ein herrliches Essen mit mehreren Gängen und ausgezeichnetem Wein. Zuerst ein Aperitif, dann zur Vorspeise ein spritziger Weisswein, zur Hauptspeise schwerer, teurer Rotwein, Dessert, Kaffee, ein kleiner Schnaps, wie es halt so geht. Man hatte es gemütlich, diskutierte, freute sich auf Weihnachten.»
«Ja, ja, unsere Weihnachtsfeier in der Firma ist auch immer ganz lustig», sagte Albert Aschwanden. «Aber natürlich ist sie nie so vornehm, denn wir sind schliesslich nur einfache Uhrmacher.»
«Das Weihnachtsessen von Doktor Moser war in einem der besten Restaurants von Basel. Jedenfalls dauerte es bis am Abend. Man verabschiedete sich und ging nicht mehr zurück ins Büro, sondern gleich nach Hause. Doktor Moser fuhr wie immer mit seinem Auto nach Hause, denn er wohnt ein bisschen ausserhalb von Basel in einer grossen Villa. Er hat ein schönes, grosses Auto, einen Jaguar. Er hat mir einmal gesagt, dass er ein solches Auto fahren müsse, um bei den Kunden und Geschäftsfreunden gut zu repräsentieren, schliesslich ist er ja Direktor einer der grössten Schweizer Firmen.»
Wieder hielt ich für einen Moment inne.
«Er fährt also nach Hause. Plötzlich, kurz vor seiner Villa, sieht er, wie eine junge Mutter mit ihrem Kind die Strasse überquert. Doktor Moser bremst wie verrückt. Doch zu spät. Er rast mit seinem schweren Auto in die Mutter und das Kind.»
Albert zog die Luft ein. «Das ist ja schrecklich!»
«Ja, das ist es. Doktor Moser stieg sofort aus, Anwohner alarmierten die Sanität. Doch das nützte nichts mehr, das Kind war tot, und die Mutter starb später im Spital. Doktor Moser wurde natürlich von der Polizei vernommen, und man stellte fest, dass er zu viel Alkohol im Blut hatte. Es drohte ihm deswegen eine Gefängnisstrafe.»

«Bei Alkohol sind sie ganz scharf», sagte Albert. «Da gibt es keine Gnade.»
«Man stelle sich das vor, Finanzdirektor Doktor Moser muss ins Gefängnis. Was für ein Skandal! Deshalb kam er zu mir, er wusste von jemandem, dass ich viel mit Leuten mit Alkoholproblemen zu tun hatte. Er sagte mir, dass er für die Hinterbliebenen aufkommen würde, denn die Frau hatte noch ein Kind, und der Vater war ein gewöhnlicher Arbeiter, der wusste nicht, wie er dieses Kind ohne Frau und ohne Geld versorgen sollte. Das sei kein Problem, sagte Doktor Moser, schliesslich habe er genügend Geld und könne eine Haushälterin für diesen Vater bezahlen. Wenn er nur nicht ins Gefängnis müsse. Das meinte er wirklich ehrlich und wollte auch sofort zahlen. So schrieb ich ihm einen Bericht. Bei der Gerichtsverhandlung wurde Doktor Moser zwar schuldig gesprochen und musste zahlen, doch dank meines Berichts entkam er dem Gefängnis. Niemand erfuhr etwas von diesem Unfall. Doktor Moser konnte Finanzdirektor bleiben.»
«Dank Ihnen.»
«Ja, dank meinem Bericht. Das wusste natürlich Doktor Moser. Deshalb schenkte er mir einen Code. Einen Code, den nur ganz wenige besitzen. Einen Code, mit dem man sein Geld anlegen kann und alle paar Monate einen Gewinn von 40 Prozent macht. Und deshalb habe ich nie Probleme mit meinem Geld. Je mehr ich mit diesem Code anlegen kann, desto mehr verdiene ich dabei.»

Albert Aschwanden verstand die Welt nicht mehr. Mit offenem Mund staunte er mich an.
«Das funktioniert tatsächlich?»
Ich lachte. «Ja, natürlich, sonst würde ich es ja nicht machen. Wie gesagt, diesen Code kennen nur ganz wenige. Ich habe Glück gehabt, warum sollte ich das nicht ausnützen?»
«Ja, ja, natürlich, warum nicht.»
«Durch meine finanzielle Unabhängigkeit kann ich mich ganz meinem Beruf und meiner Familie widmen.»
Ich hoffte, dass er keine weiteren Fragen stellen würde. Ich wollte die Sitzung beenden.

«Also, passen Sie auf sich auf, Herr Aschwanden, bis zum nächsten Mal.»
Er stand auf, und ich begleitete ihn zur Tür. Er war bereits draussen, als er sich nochmals umdrehte.
«Wenn ich jetzt Geld hätte, dann könnte ich ja, ich meine, dann wäre es vielleicht möglich ...»
«Dass Sie das Geld bei mir anlegen könnten?» half ich ihm ein bisschen nach.
«Genau, das meine ich.»
«Aber natürlich. Das wäre möglich, kein Problem.»
Er verabschiedete sich. Durchs Fenster konnte ich sehen, wie er unten aus dem Gebäude kam, über die Strasse ging und direkt den «Leuen» ansteuerte. Er würde sein Geheimnis nicht lange für sich behalten können.
Ich packte meine Sachen zusammen und ging nach Hause. Gerda war erstaunt, dass ich schon so früh da war.
«Hast du heute keine Sitzungen mehr?»
«Nein, ich habe frei.»
«Und du fährst auch nicht mehr nach Bern?»
«Nein, ich bin viel zu müde. Ich habe in letzter Zeit einfach zu viel gearbeitet.»
«Dann können wir endlich wieder einmal alle zusammen zu Abend essen. Conny wird sich freuen.»
Es freute auch mich. Ich hatte mit Conny schon lange nicht mehr geredet, geschweige denn etwas mit ihr unternommen.
Nach dem Essen zeigte sie mir noch schnell ihre Hausaufgaben und erzählte ganz stolz, dass sie alle selbst gelöst hatte.
Ich ging früh zu Bett. Gerda blieb noch eine ganze Weile auf und bügelte.
Würde es funktionieren? Albert Aschwanden hatte nicht einmal gefragt, was das für ein Code sein sollte. Was hätte ich ihm sagen sollen? Ein Code? Das tönte zwar gut, aber was sollte das sein? Ich hatte keine Ahnung.
Überhaupt, diese ganze Geschichte! Es konnte doch gar nicht sein, dass in der Ciba-Geigy ein einziger Mann die ganzen Finanzen verwaltete. Dann dieser Bericht, den ich angeblich über den angeblichen Doktor Moser geschrieben hatte, der ihn angeb-

lich vor dem Gefängnis bewahrt haben sollte ... Dass diese Geschichte von A bis Z erlogen war, musste doch jeder merken. Das ärgerte mich jetzt.
Aber ich hatte sie spontan erfunden, die Gelegenheit war gerade so günstig, die Gelegenheit, nochmals Geld aufzutreiben. Ich wusste natürlich, dass Albert Aschwanden die Geschichte ein bisschen herumerzählen würde, und ich hoffte, dass jemand tatsächlich darauf anspringen und mir ein paar tausend Franken geben würde. Das würde wieder für eine gewisse Zeit reichen.
Dass ich mit dieser Geschichte, sofern sie funktionieren und ich tatsächlich zu Geld kommen sollte, endgültig auch straffällig werden würde, das wurde ich mir gar nicht bewusst. Viel zu tief war ich schon in dieser Spirale drin, den letzten Ausweg hatte ich endgültig verpasst.
Ich wäre jetzt gerne bei Beatrice gewesen. Sie hätte mich ohne etwas zu reden und zu fragen in die Arme genommen.
Als Gerda zu mir ins Bett stieg, stellte ich mich schlafend.

Ein paar Tage später sass Albert Aschwanden erneut in meinem Wartezimmer. Er hatte jemanden dabei, den ich nicht kannte. Ich wurde nervös.
Es war Freitag abend. Albert Aschwanden und der andere Mann kamen als letzte in mein Büro. Ich schloss die Türe zu. Albert Aschwanden stellte den Mann als einen Arbeitskollegen vor.
«Sie haben mir neulich doch von diesem Basler Finanzdirektor erzählt.»
«Von Doktor Moser, ja.»
«Und diesem Code.»
«Ja.» Was führte Albert Aschwanden im Schilde? Wer war der andere Kerl? Ich versuchte meine Unruhe zu unterdrücken.
«Von diesem Code, mit dem man sein Geld gut anlegen kann.»
«Ja, ja, so ist es, eine lange Geschichte.»
«Ich habe sie meinem Kollegen erzählt, und wir beide haben gedacht ...»
Keiner von beiden getraute sich recht zu sagen, was sie sich gedacht hatten. Ich wartete.

«Also, wir haben uns gedacht, dass wir das einmal ausprobieren könnten. Wir konnten ein bisschen Geld auftreiben.»
Sie nahmen ein Couvert hervor und übergaben es mir. Ich schaute hinein und traute meinen Augen nicht. 30'000 Franken lagen darin.
«Woher haben Sie denn plötzlich dieses Geld, Herr Aschwanden?»
«Ich konnte es ausleihen, ich habe einen Kredit aufgenommen. Wenn ich tatsächlich 40 Prozent Gewinn bei Ihnen mache, lohnt sich das noch immer.»
«Was heisst hier 40 Prozent», sagte ich. Meine Nervosität war verschwunden. «Manchmal gibt es auch 50 oder 60 Prozent.»
«Das ist ja fabelhaft.» Die beiden freuten sich wie kleine Kinder.
«Jetzt muss ich Ihnen aber noch eine Quittung geben.»
Ich nahm ein Blatt Papier, schrieb von Hand schnell ein paar Zeilen darauf, dass ich 30'000 Franken erhalten habe, von dem und dem, nichts weiter.
«Wenn Sie noch andere Interessenten kennen, Herr Aschwanden, dann schicken Sie diese nur. Das gibt dann für Sie noch eine extra Belohnung.»
Albert Aschwanden nahm das Stück Papier und versicherte mir, dass er noch viele Leute kenne, die mitmachen möchten. Ich schloss den beiden die Türe auf und verabschiedete sie freundlich. Albert Aschwanden hatte ich noch nie so glücklich gesehen. Ich schloss die Türe wieder, ging zu meinem Pult und zählte das Geld nach. Tatsächlich. Es waren 30'000 Franken. Das war unglaublich, das konnte ich fast nicht fassen.
Aber ich zerbrach mir nicht länger den Kopf darüber, warum das funktioniert hatte. Wenn mir die beiden die Doktor-Moser-Geschichte abgekauft hatten, dann war das ihre Sache.
Ich nahm ein paar Hunderter aus dem Couvert, den Rest versorgte ich in der Schublade. Ich ging hinunter ins Dorf und kaufte im Coop eine Flasche Champagner, ging weiter zum Bahnhof, stieg in ein Taxi und liess mich zu Beatrice fahren.
Sie staunte nicht schlecht, als ich mit dem Taxi vorfuhr. Als ich dann noch die Champagnerflasche hervorzauberte, fragte sie, was wir zu feiern hätten, und ich sagte ihr, dass ich von einem

stinkreichen Verwandten etwas Geld geschenkt bekommen hätte. Das glaubte sie sofort. Warum hätte sie es nicht glauben sollen?
Warum hätte überhaupt jemand dem Fürsorger von Lengnau nicht glauben sollen? Schliesslich kannte man mich, und alle, die etwas mit mir zu tun hatten, schwärmten von mir. Mein Beruf bedeutete mir alles.
Der Weg der Lüge war so leicht, so unbeschwert.
Die Doktor-Moser-Geschichte hielt ich nicht mehr zurück. Ich erzählte sie jedem, der sie hören wollte. Ich erzählte sie nicht nur im Büro während einer Sprechstunde, nein, da kamen ja meistens doch nur Leute, die nicht viel Geld hatten. Ich erzählte die Geschichte im «Leuen», auf der Strasse, überall. Zu meinen «Kunden» gehörten vor allem selbständige Handwerker und Ladenbesitzer.
Natürlich tat ich immer sehr geheimnisvoll. Die Geschichte bekam mit der Zeit gewisse Nuancen. So erzählte ich auch ein paarmal, dass Doktor Moser Selbstmord machen wollte und ich ihn davor gerettet habe. Oder dass er nicht für die Ciba, sondern für die Sandoz oder die Hoffmann-La Roche oder einfach generell für die Basler Chemie arbeite. Oder dass die Rendite nicht nur 40, sondern 100 Prozent betrage. Auch das glaubten die Leute.
Manchmal übte ich abends. Ich hatte immer wieder Bedenken, dass ich nicht genügend glaubhaft erzählen würde. Ich dachte oft an den Basler Pfarrer, den ich für seine Rhetorik so bewunderte. Einmal holte ich mir aus Connys Zimmer den Kassettenrecorder und nahm mich selbst auf. Conny und Gerda waren zusammen an den See gefahren. Ich erzählte die ganze Geschichte, so wie ich sie immer erzählte. Dann spulte ich die Kassette zurück und drückte «Play». Ich hörte mich reden und ärgerte mich. Es war einfach zu wenig gut, zu wenig spannend, da musste doch jeder merken, dass etwas nicht stimmte. Ich spulte die Kassette wieder zurück und löschte sie.
Aber offenbar genügte meine Erzählkunst. Das Geld floss in Strömen, die Sache begann professionelle Züge anzunehmen. Jeden Freitagabend nach 18 Uhr empfing ich die Leute, die mir ihr Geld anvertrauen wollten. Ich hatte bald eine Handvoll

«Mitarbeiter», Leute wie Albert Aschwanden, die die Geschichte weitererzählten und selbst daran glaubten. Niemand ausser mir wusste, dass alles Humbug war. Niemand wollte es wissen. Ein Telefon nach Basel zur Ciba-Geigy oder in all die anderen chemischen Fabriken hätte genügt, um festzustellen, dass es gar keinen Finanzdirektor Doktor Moser gab. Warum hatte niemand dieses eine Telefonat gemacht?
Vielleicht, weil ich regelmässig Geld zurückbezahlte. Ich führte eine Liste, auf der ich notierte, wer mir wann und wieviel Geld gegeben hatte. Wenn ich bemerkte, dass die Leute nervös wurden, zahlte ich ein paar tausend Franken zurück, sagte, dass das jetzt die versprochene Rendite sei. So konnten einige Leute trotz allem profitieren. Albert Aschwanden zum Beispiel hatte nie mehr finanzielle Probleme während dieser Zeit. Auch das sprach sich natürlich herum, und mein Kundenkreis wurde noch grösser. Geldsorgen hatte ich keine mehr. In meinem improvisierten Kässeli in meinem Büro lagen immer ein paar hunderttausend Franken. Ich zog mit meiner Familie in eine neue, grössere und schönere Wohnung, die aber immer noch recht bescheiden war. Ich wollte es nicht übertreiben. Dafür kaufte ich jetzt tatsächlich neue Möbel, ging mit Gerda und Conny oft auswärts essen und fuhr praktisch nur noch Taxi. Ich wurde Stammkunde beim Lengnauer Taxiunternehmen, fuhr nie mehr mit dem Zug nach Bern zu Beatrice.
Ich befand mich in einem Rausch.
Eines Tages stand der Gemeindepräsident in meinem Büro.

Er machte ein ernstes Gesicht.
Ich wartete darauf, dass er etwas sagen würde. Mehr als nur das übliche Blabla über Nebensächlichkeiten.
«Was kann ich für Sie tun, Herr Gemeindepräsident?» fragte ich vorsichtig.
«Ja, eben, weswegen ich gekommen bin. Äh, wie soll ich sagen ...»
Natürlich war mir klar, weshalb er da war. Wird er mich wohl jetzt schon entlassen, oder wird er mir eine Gnadenfrist gewähren

und mich erst mal nur befragen? Ihm konnte ich sicher nichts vormachen, schliesslich war er Jurist.
«Also Herr Streit, ich habe da gehört, dass Leute aus dem Dorf Geld bei Ihnen anlegen. Es ist ja nicht gerade üblich, dass man bei einem Sozialarbeiter sein Geld anlegt, das müssen Sie zugeben, Herr Streit.»
Er lächelte verlegen.
«Deshalb, äh, naja, ich weiss halt nicht, ob das nicht ein lusches Geschäft ist. Ich will natürlich nicht behaupten, dass Sie etwas Unrechtes machen, das glaube ich nicht. Was Sie mit Ihrem Geld machen, ist Ihre Angelegenheit. Aber vielleicht hat ja jemand Ihre Gutmütigkeit ausgenützt und Sie zu einem nicht ganz legalen Geschäft ... Verstehen Sie mich jetzt nicht falsch, aber es ist meine Aufgabe als Gemeindepräsident ...»
Ich liess ihn eine Zeitlang um den heissen Brei herumreden. Seinem Wortschwall entnahm ich, dass er alles nur vom Hörensagen wusste und keineswegs bei der Ciba-Geigy oder sonstwo recherchiert hatte und Beweise besass. Ich glaubte nicht, dass er so gut bluffen konnte und mir den Unwissenden vorspielte.
«... deshalb möchte ich Sie jetzt einmal persönlich fragen, was das für eine Geldanlage ist.»
Ich lächelte und schüttelte den Kopf. «Es ist unglaublich. Die Leute müssen immer alles herumerzählen. Aber das macht ja nichts, ich habe nichts zu verbergen. Also, Herr Gemeindepräsident, ich orientiere Sie sehr gerne über die Sache.»
Ich tat sehr offiziell und förmlich.
«Als ich noch in Basel arbeitete, lernte ich Herrn Doktor Moser kennen.»
Ich erzählte die ganze Geschichte. Kein einziges Detail liess ich aus, manchmal ergänzte ich noch ein bisschen, sagte dann, dass ich das aber nur ihm sagen könne, wegen dem Amtsgeheimnis und überhaupt, ihm könne ich ja vertrauen, er werde sicher nichts weitererzählen.
Der Gemeindepräsident nickte ein paarmal, am Schluss bedankte er sich, sagte, es sei in Ordnung.
«Natürlich darf Ihre Arbeit als Sozialarbeiter nicht darunter leiden.»

«Aber natürlich nicht. So etwas würde mir nie einfallen, das wissen Sie doch. Ich bin immer für meine Klienten da. Dadurch, dass ich finanziell unabhängig bin, kann ich in Notfällen sogar mit etwas Geld aus der eigenen Tasche aushelfen.»
«Jaja. Aber das sollten Sie nicht übertreiben. Sie wissen doch selbst am besten, dass man heute niemandem mehr vertrauen kann.»
Tatsächlich verschenkte ich manchmal etwas von meinem Geld. Wenn jemand bei mir im Büro sass, der wirklich ganz am Ende war und dringend Geld benötigte, öffnete ich die Schublade und nahm aus meinem Kässeli ein paar Scheine. Ich hatte ja genügend Geld.
Dem Besuch des Gemeindepräsidenten mass ich keine weitere Bedeutung zu. Ich war sogar froh, dass er jetzt alles wusste.
Zwei Tage später sass seine Frau mit ihrem Kind im Wartezimmer. Ich stutzte, bat sie sofort herein.
«Das ist eine nette Überraschung.»
«Ich bin gerade vorbeigekommen und hab gedacht, ich werfe mal einen Blick hinein.»
Wie mit ihrem Mann redeten wir eine ganze Weile übers Wetter, über Frau und Herrn Sowieso und über dies und das.
Die Quintessenz dieses Small talks war, dass sie mir, bevor sie sich freundlich verabschiedete, einen Briefumschlag überreichte, der 70'000 Franken enthielt.
Nach dem Gemeindepräsidenten kamen auch der Gemeindeschreiber und ein Gemeinderat, der Vorsteher der Fürsorge- und Vormundschaftsbehörde, zu mir. Das Geschäft lief so geschmiert, dass ich dem Gemeindeschreiber und diesem Gemeinderat gar kein Darlehen abluchste, sondern ihnen Geld schenkte, jedem ein paar tausend Franken. Darauf wurden wir ziemlich schnell Freunde.
Ich kannte keine Hemmungen mehr, versprach meinen Anlegern die immer grösseren Renditen, Beteiligungen und Geschenke.
Ich achtete sogar nicht mehr darauf, dass ich für die Darlehensverträge neutrales Papier nahm. Ich benützte das offizielle Briefpapier der Einwohnergemeinde Lengnau.
Eines Tages nahm mich der Gemeindeschreiber wie einen alten

Kumpel kurz beiseite und bat mich, in Zukunft doch wieder neutrales Papier zu verwenden. Ich entschuldigte mich und versprach, mich daran zu halten.
Ich wollte gerade in mein Büro zurück, als das Fräulein aus dem Nachbarbüro vorbeikam. Ich wünschte ihr einen guten Tag und fragte sie, ob sie noch immer regelmässig an den See zum Baden fahre. Natürlich, sagte sie und lachte. Sie ging weiter, drehte sich schnell noch einmal um und fragte, ob ich nicht auch mal mitkommen wolle.
Ich antwortete nichts, schaute ihr einfach nach. Ihre Beine waren diesmal noch brauner und ihr Rock noch ein Stück kürzer.

Ich hätte gerne etwas mit ihr gehabt. Wenn ich mit Beatrice schlief, stellte ich mir manchmal vor, dass ich es mit dem Bürofräulein machen würde. Aber es ergab sich nie eine Gelegenheit dazu. Und sie anmachen, ihr den Hof machen, das wollte ich nicht, das war mir der Aufwand auch wieder nicht wert.
Vor allem gab es genügend andere Frauen, die mich anmachten. So passierte es, dass meine Hausbesuche manchmal im Bett endeten. Es waren rein sexuelle Abenteuer ohne Gefühl. Es kam auch nicht allzu oft vor, höchstens fünf, sechs Mal.
Aber es passte zu meinem Leben. Ich liess mich treiben. Ich ging abends zu Bett, schlief sofort ein, am nächsten Morgen stand ich auf, und alles ging normal weiter. Sorgen machte ich mir keine. Der Tag der Wahrheit würde sowieso irgendwann kommen, also konnte ich bis dahin das Leben geniessen.
Beatrice hatte angefangen, ein Buch zu schreiben. Eine Art Biographie. Sie hatte schon mehrere Seiten vollgeschrieben. Das beeindruckte mich.
So begann ich herumzuerzählen, dass ich ein Buch schreibe. Bald wusste das ganze Dorf Bescheid, und ich wurde eingeladen, an einem Sonntag morgen an einer Matinee aus meinem Buch vorzulesen.
Ich sagte zu. Überall wurden Plakate aufgehängt, die diese Veranstaltung ankündigten.
Von einem Buch konnte natürlich keine Rede sein. Trotzdem

fand die Lesung statt. Die Aula des Kleinfeldschulhauses war mit Blumen geschmückt und bis auf den letzten Platz besetzt.
Ich stand vorne am Rednerpult und begann vorzulesen. Die Leute waren mucksmäuschenstill.
Keiner begriff, was ich wirklich vorlas.
Seit ich in Lengnau war, schrieb ich jeden Monat für das evangelisch-reformierte Monatsblatt «Echo» kleine Artikel. Ich schrieb über das tägliche Leben, über Religion, über den Tod, über alles, was mir gerade einfiel. Ich machte das sehr gerne, es erinnerte mich an die Zeit in Basel, als ich an den Schulen Lebenskunde unterrichtet hatte.
Aus diesen Artikeln las ich jetzt vor. Ich achtete darauf, dass es solche waren, die schon vor ein paar Jahren erschienen waren.
Die Leute applaudierten, und nicht einer machte die leiseste Andeutung, dass er das schon irgendwo gelesen hatte. Viele fragten mich, in welchem Verlag mein Buch erscheinen werde, sie würden es gerne kaufen.
Im Scherz-Verlag, antwortete ich, ohne zu überlegen.
Am Tag darauf meldete sich am Telefon eine Frau vom Scherz-Verlag.
«Wir haben ganz viele Anrufe bekommen von Leuten, die Ihr Buch bestellen möchten. Nun, wir wissen nichts von diesem Buch.»
Damit hatte ich nicht gerechnet. Es war eine dieser Situationen, in denen mir sofort etwas einigermassen Logisches einfallen musste, sollte mein ganzes Lügengebilde nicht einstürzen. Zum Glück kamen diese Momente sehr selten vor.
«Das ist mir jetzt auch ein Rätsel», sagte ich ganz erstaunt.
«Ich habe in unserem Katalog nachgeschaut, da gibt es nirgends ein Buch von Ihnen. Oder ist es etwa unter anderem Namen erschienen?»
«Nein.»
«Das verstehe ich nicht. Sie haben doch gestern eine Lesung gemacht?»
«Ja.»
«Seltsam. Auch meine Kollegen wissen nichts davon. Was soll ich denn jetzt tun?»

«Tja ...»
Ich schwieg eine Weile. Dann tat ich so, als hätte ich plötzlich das grosse Aha-Erlebnis.
«Jetzt fällt es mir ein. Das ist ein dummes Missverständnis.»
Die Frau lachte. «Na eben, ich dachte es doch. Ein solches Durcheinander kann nicht einmal ich veranstalten. Ich hatte schon Angst, dass ich nicht mehr alle Tassen im Schrank habe.»
«Nein, nein, es ist mein Fehler. Wissen Sie, das Buch ist noch gar nicht fertig geschrieben. Es ist immer noch in Arbeit, es ist ja auch keine leichte Sache, ein Buch zu schreiben, und als Sozialarbeiter habe ich sehr wenig Zeit, weil ich ja in erster Linie immer und 24 Stunden am Tag für meine Klienten da sein muss ...»
Ich kam in Fahrt, und es redete wieder einfach so aus mir heraus. Schliesslich sagte ich:
«Ich habe Ihren Chefs versprochen, dass ich das Buch bei Ihnen publizieren werde, sobald ich fertig bin.»
«Ach so, dann ist ja alles klar. Das wusste ich nicht, entschuldigen Sie, Herr Streit. Ich werde den Leuten sagen, dass das Buch noch nicht erschienen ist, und sie auf später vertrösten. Die wollen sowieso alles immer schon lieber gestern als morgen. Entschuldigen Sie nochmals die Störung ...»
«Aber nein, ich muss entschuldigen, so etwas Dummes, dass mir das nicht eingefallen ist. Ich hätte Sie doch informieren müssen. Das ist mir jetzt gar nicht recht.»
Wir entschuldigten uns noch ein paarmal gegenseitig, dann sagte sie, dass sie sich auf mein Buch freue.
Meine Ausrede war nicht besonders originell, aber sie hatte funktioniert. Ich staunte je länger je mehr darüber, dass die Leute mir alles vorbehaltlos glaubten. Die Leute waren ja nicht dumm. Die meisten, die ich mit der Doktor-Moser-Geschichte betrog, hatten sogar eine gute Schulbildung, arbeiteten in höhergestellten und besser bezahlten Positionen als ich oder waren Selbständigerwerbende. Ich konnte mit ihnen auch ernsthafte Diskussionen führen, über Wirtschaft und Politik, und oft verstanden sie mehr davon als ich. Deshalb wunderte es mich, dass sie nicht nachfragten oder meine Geschichte überprüften.
Es muss an mir gelegen haben, an meiner Art zu erzählen, an

meinem Aussehen mit Bart und Bauchansatz. Oder glaubten sie mir, weil ich Fürsorger war?
Durch die Matinee und das Buch erlangte ich in Lengnau noch mehr Ansehen. Auf der Strasse wurde ich immer öfters von wildfremden Menschen angesprochen, mir wurde hofiert, ich wurde zu allen möglichen Anlässen eingeladen. Das genoss ich. Mein Rauschzustand wurde schlimmer, meine Sucht, geliebt und geachtet zu werden, noch grösser. Ich log längst nicht mehr, um zu Geld zu kommen, das lief sowieso wie geschmiert, ich hatte zu dieser Zeit schon weit über hundert «Kunden» aus Lengnau und Umgebung, die bei mir insgesamt Hunderttausende, ja Millionen anlegten.
Ich hatte angefangen, mein ganzes Leben zu erlügen. Mein Leben war ausser meiner Arbeit als Sozialarbeiter, die ich noch immer gern und mit grossem Eifer erledigte, eine einzige grosse Lüge geworden.
So bekam auch die Buchgeschichte ihre Fortsetzung.

Zur etwa gleichen Zeit kaufte ich in Grindelwald eine Eigentumswohnung für 367'000 Franken. Gerda und Conny gefiel es dort, sie liebten die Berge.
Es war eine Viereinhalb-Zimmer-Attikawohnung im «Chalet Montanara». Dem Notar, der die Verträge ausarbeitete, gab ich einen Briefumschlag mit 150'000 Franken. Er fragte, woher ich denn soviel Geld in bar habe, und ich antwortete ihm, das sei der Vorschuss für mein Buch.
Er glaubte es und nahm das Geld. Dass ein unbekannter Schweizer «Schriftsteller» von einem Schweizer Verlag für ein noch unvollendetes Werk 150'000 Franken Vorschuss bekommt, ist reine Utopie. Doch das wusste der Notar offenbar nicht. Und auch ich hatte keine Ahnung.
Wenige Monate später kaufte ich auch in Lengnau ein Haus.
Ein grosses zweistöckiges Haus mit Garten im noblen Einfamilienhausquartier. Diese kleine Villa am Denkmalweg gehörte einem reichen Immobilienmakler, mit dem ich beruflich oft im Clinch war, weil er den Mietern zu hohe Zinsen verlangte, die

Heizungen nicht funktionierten oder etwas anderes schieflief.
Die Villa hatte er für sich gebaut, allerdings wollte seine Frau dort nicht einziehen. So hatte er die Villa in einem Inserat ausgeschrieben. Ich wunderte mich, dass diese Anzeige immer wieder erschien.
Eines Tages rief ich ihn an und fragte danach.
«Ich gebe dieses Haus doch nicht irgend jemandem», sagte er in zackigem Ton. Er sprach immer so, auch wenn er gar nicht wütend war.
«Dann steht das Haus noch immer leer?»
«Ja, natürlich, ich kann es mir leisten.»
«Das ist doch schade.»
«Und ob! Bei schönem Wetter sieht man vom Wohnzimmer aus das ganze Alpenpanorama. Wunderschön. Aber ich bestimme, wer dort einzieht! Ich will die Leute kennen.» Er räusperte sich, brüllte etwas nach hinten zu seiner Frau und wandte sich wieder mir zu. «Ihnen, Herr Streit, Ihnen würde ich es zum Beispiel geben.»
Das erstaunte mich, doch wir trafen uns zu einer Besichtigung. Gerda und Conny waren von diesem Haus begeistert, auch ich. Die Alpen sah man tatsächlich. Beim Preis konnten wir uns auf eine halbe Million einigen.
Kurz darauf zogen wir dort ein.
Obwohl weder Gerda noch ich autofahren konnten, kaufte ich ein Auto. Einen silbergrauen Opel Kombi. Er stand in der grossen Garage unseres Hauses. Ein Bekannter fuhr uns manchmal damit herum, vor allem wenn wir nach Grindelwald gingen. Im eigenen Auto zu sitzen, aber nicht selber zu fahren – das genoss ich.
Ich fühlte mich stark, das Leben war ein Spiel.

«Gerda, es wird Zeit, dass du wieder einmal zum Coiffeur gehst.»
«Warum denn? Ich war doch erst gerade.»
«Das spielt keine Rolle, du musst nochmals gehen. Nach Bern zum besten Coiffeur. Wir müssen an einen ganz besonderen Anlass.»
«An was für einen?»

«Weit weg. Nach Stockholm.»
«Nach Stockholm? Das ist ja in Schweden.»
«Ja, in Schweden.»
«Und was sollen wir dort tun?»
Ich legte meine Hände auf ihre Schultern. «Gerda, ich bekomme für mein Buch den Nobelpreis.»
Gerda schaute mich treuherzig an.
«Hanspeter, du hast wirklich den Nobelpreis gewonnen?»
«Ja. Wir werden zusammen nach Stockholm fahren, der schwedische König wird dort sein, wir werden im Fernsehen kommen. Deshalb musst du zum Coiffeur. Du musst richtig gut aussehen.»
«Und wann wird das sein?»
«Ach, schon bald. Das Datum weiss ich noch nicht genau.»
Gerda war nicht die einzige, der ich das erzählte. Auch Beatrice. Und auch in Lengnau gab es ein paar Leute, die davon «wussten». Gerda ging tatsächlich zum Coiffeur nach Bern. Als sie zurückkam, fragte sie mich, wann die Preisverleihung sei.
«Ich weiss es noch immer nicht genau. Aber jedenfalls kommt der grosse Tag schon bald.»
Der Tag kam nie. Wie auch der Tag nie kam, an dem ich den Doktortitel geschenkt bekommen sollte. Auch das war wieder so eine Geschichte, die ich für mein Ansehen erfunden hatte und die mir die Leute abkauften. Wenn sie fragten, wann das stattfinden sollte, verwies ich sie immer auf «später», erfand «irgendwelche Probleme», von denen ich «nichts Genaues» wisse. Ich konnte auf diese Weise sogar das Steueramt vertrösten, wenn sich die Beamten bei mir über meine finanzielle Situation erkundigten. Ich hätte im Moment überhaupt keine Zeit, alles offen darzulegen, weil ich soviel Arbeit habe, aber ich würde es demnächst tun. Das versprach ich immer. Doch auch dieser Tag, an dem ich mein Versprechen einhalten würde, kam natürlich nie.
Dafür kam ein anderer Tag.
Eines Nachts klingelte in unserem schönen Haus am Denkmalweg das Telefon.

5.

«Ja, bitte?»
«Ich bin's.»
«Wer?»
«Ich. Bitte ...»
Der Typ am anderen Ende atmete schwer, stöhnte immer wieder. Ich konnte ihn kaum verstehen.
«Wer ist am Apparat?»
«Ich, Herr Streit ...»
«Robert. Bist du es?»
«Bitte ...»
Robert war ein Drogensüchtiger. Ein schwieriger Fall. Schon vor sieben Jahren, als ich neu in Lengnau war, hatte ich mit ihm zu tun gehabt. Damals hatte er ein Mofa geklaut. Lange Zeit hatte ich nichts mehr von ihm gehört. Nur ab und zu traf ich ihn auf der Strasse in Lengnau, es schien ihm gut zu gehen. Vor ein paar Monaten allerdings merkte ich, dass etwas nicht stimmte. Zuerst vermutete ich, dass er mit dem Alkohol Probleme habe. In meinem Büro sagte er mir dann, er sei in die Drogenszene gerutscht. Er tat mir leid. Ich hatte den Jungen immer gemocht.
«Robert, was ist passiert?» Ich war jetzt hellwach.
«Ich ... ich ...»
«Ja, was ist?»
«Ich hab' Scheisse gebaut.»
«Was hast du denn getan?»
«Bitte helfen Sie mir, Herr Streit!»
Obwohl Robert schon 20 war, duzte ich ihn noch immer, und er siezte mich, wie vor sieben Jahren.
«Robert, nimm dich zusammen. Was ist los?»
«Ich ...»
«Ja?»
«Ich habe kein ...» Er bekam einen fürchterlichen Hustenanfall.
«Was hast du genommen?»
«Alles mögliche. Und jetzt hab' ich keinen Stutz mehr. Keinen

Rappen. So eine miese Ratte hat mich fertiggemacht, weil ich Schulden hatte.»
«Wo bist du denn?»
«Der Kerl wollte mich umlegen!»
«Robert, beruhige dich. Wo bist du jetzt?»
«In Zürich. Bitte helfen Sie mir.»
«Natürlich helfe ich dir. Du kommst mit dem ersten Zug nach Lengnau, zu mir ins Büro. Dann sehen wir weiter.»
«Ja ...»
«Hast du verstanden?»
«Ja, ich komme nach Hause ...»
Die Linie wurde unterbrochen.
Ich ging in die Küche, trank einen Schluck Milch und legte mich wieder ins Bett. Ich dachte noch lange über Robert nach.
Am nächsten Tag kam er wirklich in mein Büro. Früher war Robert ein hübscher blonder Junge mit strahlenden Augen gewesen. Jetzt sah er ziemlich schlimm aus. Eingefallenes Gesicht, abgemagert, schmutzige, zerrissene Kleider.
«Wo bist du die letzte Nacht gewesen?»
«Ich hatte einen Absturz in Zürich. Dann habe ich irgendwo draussen gepennt. Es ist ja August. Da wird es nicht kalt in der Nacht.»
Er hatte sich ein bisschen gefangen und konnte wieder normal reden.
«Wohnst du denn nicht mehr in Lengnau?»
«Doch, doch. Ich habe eine kleine Wohnung. Aber ...»
«Du hast kein Geld mehr.»
«Ja genau. Ein Dealer hat mir alles abgenommen. Ich habe nichts mehr. Und dabei sollte ich all das bezahlen.»
Er zeigte mir einige Rechnungen. Es waren alles Mahnungen. Wohnungsmiete, Telefon, Versicherung, eine Rechnung von einem Versandhaus. Zusammen machte es über 1300 Franken.
«Das ist ziemlich viel, Robert.»
«Der Vermieter hat gedroht, mich rauszuwerfen.»
«Ja, was machen wir denn jetzt?» Ich begann meine Pfeife zu stopfen, ganz langsam. Robert kramte aus seiner Jeansjacke eine Zigarette hervor und suchte Feuer. Ich gab ihm Streichhölzer.

Gierig sog er an seiner Zigarette.
«Sie sind meine letzte Chance, Herr Streit.»
«Hast du denn niemanden, der dir helfen kann?» Jetzt zündete auch ich meine Pfeife an. Bald war der ganze Raum verqualmt.
«Nein, ich habe bei den Eltern schon genügend gepumpt. Und auch bei Kollegen habe ich Schulden.»
«Hast du keinen Job mehr?»
Ich wusste, dass er einmal eine Zimmermannslehre angefangen hatte.
«Doch doch. Mal da, mal dort.»
«Und deine Lehre?»
«Die habe ich abgebrochen.»
Ein typisches Drogenschicksal. Waren die Eltern schuld daran? Damals, als die Sache mit dem geklauten Töffli auskam, rastete sein Vater, ein kaufmännischer Angestellter, total aus. Aber dann vertrugen sie sich wieder. Den Eltern konnte man keinen Vorwurf machen. Robert hatte vielleicht einfach Pech, kam mit den falschen Leuten zusammen.
«Wie stark bist du denn in den Drogen?»
«Ich kann lange Zeit nichts nehmen, ich bin nicht richtig süchtig. Aber dann habe ich halt wieder solche Abstürze wie gestern abend.»
Ich öffnete meine Schublade und nahm meine Doktor-Moser-Kasse hervor.
«Also Robert. Ich gebe dir jetzt 2000 Franken, privat. Das hat nichts mit dem Amt zu tun. Damit bezahlst du diese Rechnungen. Mit dem Rest kaufst du dir neue Kleider, Schuhe, etwas zu essen.»
«Vielen Dank, Herr Streit. Ich werde sofort zur Post gehen.»
«Aber du musst mir versprechen, dass du besser aufpasst, du musst dich regelmässig bei mir melden.»
«Ja, natürlich, das werde ich tun. Ich werde Ihnen das Geld auch zurückbezahlen.»
«Das pressiert nicht. Jetzt schau zuerst einmal, dass du zu Kräften kommst, dass du immer pünktlich zur Arbeit gehst.»
Ich gab ihm das Geld, und er verabschiedete sich. Als er draussen war, klopfte ich meine Pfeife aus.

Noch am gleichen Tag, ein paar Stunden später, wurde ich vom Gemeindeschreiber in sein Büro zitiert. Er fragte mich, ob ich Robert Geld gegeben habe, und ich erzählte ihm den ganzen Vorfall.
«Aber Hanspeter, du weisst doch, dass du das ohne Beschluss nicht tun darfst.»
«Ich habe es ihm privat gegeben.»
«Trotzdem, bei diesen Typen weisst du doch, dass du dieses Geld nie mehr siehst.»
Das machte mich wütend. Schliesslich hatte ich dem Gemeindeschreiber auch Geld geliehen und geschenkt.
«Wie hast du überhaupt davon erfahren?» fragte ich ihn.
«Das ist ja egal.»
«Warum kannst du mir das nicht sagen?»
«Also gut, Hanspeter, weil du mein Freund bist, sage ich es dir.»
Wir waren wirklich befreundet – wenn man eine Beziehung, in der der eine den anderen anlügt, als Freundschaft bezeichnen kann. Wir kamen einfach gut miteinander aus. Eine richtige Freundschaft hatte ich mit niemandem, weil niemand ausser mir die Wahrheit kannte.
«Robert hat sich im ‹Hirschen› mit Bier vollaufen lassen und mit einer Tausendernote bezahlen wollen. Der Hirschenwirt kennt Robert, weiss, dass er in der Drogenszene verkehrt und hat mich deshalb angerufen. Er hat gedacht, das Geld sei gestohlen, und Robert nicht geglaubt, dass er das Geld von dir hat.»
Ich war selten im «Hirschen», der Wirt war mir nur flüchtig bekannt.
Ich konnte meinen Freund, den Gemeindeschreiber, beruhigen und vergass die Sache.
Ein paar Wochen später, am 19. Oktober 1982, wurde ich von zwei Beamten der Kantonspolizei Bern verhaftet.

Es war kurz nach 14 Uhr, ich kehrte gerade von einem sexuellen Abenteuer mit dem Taxi nach Lengnau zurück.
Bevor ich in mein Büro ging, schaute ich beim Gemeindeschreiber hinein, und wir kamen ins Plaudern. Ich hatte mir für diesen

Tag sowieso nicht mehr viel vorgenommen, ich war am Abend zuvor lange unterwegs gewesen. Einmal mehr war ich wegen einer dieser endlosen Sitzungen erst spät nach Hause gekommen und hatte dann noch einen Scheidungsfall studiert.
Der Gemeindeschreiber war gut gelaunt. Wir machten Sprüche. Als es an die Tür klopfte, rief ich:
«Ja bitte, wer immer es ist, er möge doch so freundlich sein und hereinkommen.» Der Gemeindeschreiber musste über meine geschwollene Art laut herauslachen.
Es waren zwei Kantonspolizisten. Der eine war gross, der andere leicht untersetzt. Der Kleine steuerte direkt auf mich zu.
«Sind Sie Herr Streit?»
«Ja, Hanspeter Streit.»
«Ich heisse Hilfiker, das ist mein Kollege Lorenz.» Hilfiker, der Kleine, war offenbar der Chef. Ich musste lächeln. Damit sie es nicht sehen konnten, tat ich so, als müsste ich husten, und hielt meine Hand vor den Mund.
«Können wir Sie alleine sprechen?»
«Das ist doch nicht nötig. Der Gemeindeschreiber und ich sind gute Feunde, wir haben keine Geheimnisse voreinander.»
Ich dachte, dass die beiden wegen einem Fall, den ich gerade bearbeitete, gekommen waren.
«Es geht um Doktor Moser.»
«Ach ja...?» Nun musste ich tatsächlich husten. Ich bekam einen ganz trockenen Mund. Aber ich versuchte, mir nichts anmerken zu lassen, und kraulte in meinem Bart.
Der Grosse kramte ein Stück Papier aus der Tasche, gab es dem Kleinen, und dieser hielt es mir vor die Nase. Es war ein Darlehensvertrag mit meiner Unterschrift.
«Wir brauchen die Adresse von Doktor Moser.» Er begann mit dem Wisch herumzufuchteln. «Wir haben nirgendwo einen Doktor Moser gefunden. Den gibt es nämlich gar nicht, den haben Sie erfunden! Deshalb haben wir hier einen Haftbefehl gegen Sie.» Der Grosse angelte ein zweites Papier aus seiner Tasche.
Ich versuchte die Situation noch einmal zu retten. Ich tat ziemlich arrogant und spielte mich als Monsieur auf.

«Geht es Ihnen eigentlich noch gut? Was fällt Ihnen ein? Das habe ich nun wirklich nicht nötig.»
Vorwurfsvoll blickte ich zum Gemeindeschreiber, doch mein Freund schwieg. Er starrte auf sein Pult.
Ich gab auf.
Der Tag war gekommen, und ich war vorbereitet. Und trotzdem brach alles zusammen.
Wegen dem dummen Vorfall mit Robert hatte die Polizei angefangen zu recherchieren. Vermutlich hatte der Hirschenwirt nicht nur den Gemeindeschreiber informiert, sondern auch die Polizei. Oder wer weiss, was Robert mit meinem Geld noch alles angestellt hatte? Aber es dauerte über einen Monat, bis die Polizei mir beweisen konnte, dass es Doktor Moser nicht gab.
In der Presse wurde mein Fall gross aufgemacht. Ein Fürsorger als Gauner! Das war ein gefundenes Fressen. Die Deliktsumme betrage «mehrere Millionen», es seien «zahlreiche» Personen geschädigt worden. Genau wisse das der Untersuchungsrichter noch nicht.
Auch ich wusste es nicht.
Anfangs November gab der Lengnauer Gemeinderat eine Pressekonferenz, weil Vorwürfe laut geworden waren, man habe von meinem Treiben gewusst. Ich las davon in der Zeitung. Der Gemeindepräsident, der Gemeindeschreiber und der Vorsteher der Fürsorgekommission gaben zu, dass sie mir Darlehen anvertraut oder Geldgeschenke angenommen hatten, doch betonten sie, mich «in keiner Weise gedeckt oder begünstigt» zu haben. Man habe mich immer wieder gewarnt, meine Kompetenzen nicht zu überschreiten. Und überhaupt, niemand habe annehmen können, dass ich ... blablabla undsoweiter. Sie drückten und wanden sich, wie sie nur konnten.
Einen Monat später, anfangs Dezember 1982 – ich las es wieder in der Zeitung –, sagte der Gemeindepräsident an einer Gemeindeversammlung, die Deliktsumme betrage über fünf Millionen Franken, und etwa 200 Personen seien geschädigt worden. Darunter auch er. Er habe «halt ein Geschäft gewittert». Dass er durch sein Vorgehen, das er heute auch nicht mehr verstehe, das Vertrauen vieler Stimmbürger enttäuscht habe, sei ihm klar.

Ich musste lachen.
Ein Betrüger war ich. Aber das machte mir nicht so sehr zu schaffen. Was hatte ich denn getan? Ich hatte den Leuten das Geld aus der Tasche gezogen. Aber waren sie nicht selber schuld, wenn sie diesen Doktor-Moser-Nonsens geglaubt hatten? Gut, ich werde dafür einige Jahre im Knast sitzen, aber dann bin ich wieder ein freier Mann.
Ich las weiter. Auch der Gemeindeschreiber machte jetzt deutlichere Aussagen. Er habe einmal 8000 Franken, dann 14'000 für ein Auto und später nochmals 3000 Franken für Ferien von mir geschenkt bekommen. Nach meiner Verhaftung habe er aber sofort alles zurückgegeben. Er beteuerte, dass er sein Amt nie missbraucht habe. Und dann stand da noch, er habe mich an dieser Gemeindeversammlung als seinen ehemals besten Freund bezeichnet. Das tat mir weh.
Ein Lügner war ich.
Ein Lügner wird nicht geliebt und verehrt. Ich, der süchtig war nach Liebe und Anerkennung! Ich hatte meine Ehre verloren. Schon zum zweiten Mal. Das machte mich krank.
Tagelang sass ich in meiner Zelle im Untersuchungsgefängnis in Biel und grübelte. Warum hatte ich nicht zufrieden sein können mit meinem Job als Fürsorger? Ich hatte doch genügend Anerkennung, die Menschen brauchten mich. Gut, meine Schulden! Aber warum diese blöde Buchgeschichte, der Nobelpreis, der Doktortitel? In meinem Rausch hatte ich jeden Bezug zur Realität verloren. Und jetzt hatte ich gar nichts mehr.
Ich dachte oft an Selbstmord.
Gerda reichte die Scheidung ein. Beatrice fiel zwar aus allen Wolken, doch sie verliess mich nicht. Ich konnte das fast nicht glauben. Praktisch alles, was ich ihr in den acht Jahren, solange dauerte unser Verhältnis nun schon, erzählt hatte, war erlogen. Ich hatte sie immer hingehalten. Sie wollte heiraten, und ich habe nie nein gesagt, ich hatte sie vertröstet, war dem Thema ausgewichen. Aber ich hatte sie nie gebeten, mir treu zu bleiben, auf mich zu warten. Auch jetzt nicht. Trotzdem schrieb sie mir seitenlange Briefe und besuchte mich so oft wie möglich. Sie beteuerte, dass sie zu mir halten würde.

Doch das half mir nicht weiter. Es hatte alles keinen Sinn, ich wollte nicht mehr. Ich hockte da und weinte.
Ich kam nach «Münsingen links», in die Psychiatrische Klinik. Die Ärzte versuchten, mich von meinen Selbstmordgedanken abzubringen. Ich hörte ihnen zwar zu, konnte aber nichts damit anfangen. Sogar Beatrice wurde bemüht, mich wieder auf die Beine zu stellen. Sie sprach immer von einem Neuanfang.
Mein Gott, was für ein Neuanfang sollte das sein?

«Hämpeli, da bist du ja endlich!»
Es war vier Tage vor Weihnachten, und es war bitter kalt. Beatrice trug einen dicken Wollmantel, ihre rotbraunen Haare hatte sie unter einer farbigen Mütze versteckt.
Sie kam auf mich zu und fiel mir um den Hals.
«Es wird alles gut.»
«Ja Beatrice, wenn du meinst.»
«Aber sicher. Zusammen werden wir es schaffen.»
«Was werden wir schaffen?»
«Unseren Neuanfang.»
«Aber, du weisst doch …»
«Nicht jetzt. Nun haben wir erst einmal viel Zeit für uns. In Zürich kennt dich niemand, da kannst in aller Ruhe eine neue Existenz aufbauen. Du kannst sogar die Matura nachholen und ein Studium anfangen, du bist erst 35 Jahre alt. Das solltest du wirklich tun, denn du hast die Fähigkeit dazu, du kannst alles erreichen. Und wer weiss, sobald du geschieden bist, können wir endlich …»
«Lass uns nach Hause fahren, Beatrice. Ich bin müde.» Ich fand es rührend, wie sie sich um mich kümmerte und mir Mut machte. Aber ich konnte an ihrer Freude nicht richtig teilhaben. Vom Heiraten wollte ich nicht reden, ich hatte ihr zwar immer wieder gesagt, dass wir irgendwann heiraten könnten, daran geglaubt hatte ich allerdings nie. Auch jetzt nicht.
Wir stiegen in den blauen Mitsubishi, der immer noch gut beieinander war, und fuhren nach Zürich.
Beatrice und ein Anwalt hatten es geschafft, mich aus dem

Gefängnis rauszuholen. Nach 64 Tagen Untersuchungshaft, inklusive 10 Tage «Münsingen links», wurde ich freigelassen. Das Haftentlassungsgesuch war genehmigt worden mit der Bedingung, dass meine Schriften gesperrt blieben und dass ich bei Beatrice wohne.

Ihre Loge war am Zürichberg, Sonneggsteig 3. Es war eine schöne Wohnung in einem alten Patrizierhaus mit grossen hohen Räumen. Beatrice war kurz nach meiner Verhaftung hierher gezogen, um auch geographisch das Kapitel Lengnau abzuschliessen. Da sie in Zukunft kein Geld mehr von mir erwarten konnte, arbeitete sie wieder als Krankenschwester.

Als erstes schrieb ich einen Brief an Conny, um ihr ein frohes Weihnachtsfest zu wünschen. Ich vermisste sie sehr, liebte sie wirklich.

Conny wohnte mit ihrer Mutter wieder in Basel. Sie hatten ja nicht in Lengnau bleiben können. Nicht nur wegen dem Skandal und der Schande. Die Villa, die ich damals dem Immobilienmakler abgekauft hatte, war unter den Hammer gekommen, ebenso die Ferienwohnung in Grindelwald.

In diesem Brief an Conny erwähnte ich nichts von der Scheidung. Ich schrieb ihr lediglich, dass wir uns trotz allem vielleicht wieder einmal sehen könnten.

Es war eine traurige Weihnacht, obwohl Beatrice ein herrliches Essen kochte und sich alle Mühe gab, mich ein wenig aufzumuntern. Ich sass nur herum, starrte vor mich hin und hatte zu nichts Lust. Das Leben hatte für mich keinen Sinn mehr. Ich war zwar in Freiheit, aber für wie lange? Sobald die Untersuchungen abgeschlossen waren, würde ich zurück in den Bau kommen.

Zu Beginn des neuen Jahres suchte ich mir einen Job, ich wollte nicht länger auf Beatrices Portemonnaie sitzen. Sie vermittelte mir eine Arbeit als Hilfspfleger in einem privaten Altersheim. Das passte mir aber nicht, ich lehnte ab. Dann sah Beatrice in der Zeitung ein Inserat, in dem eine Schnellausbildung zum Kellner angeboten wurde.

«Dieser Kurs geht nur drei Tage. Dann kannst du arbeiten. Du brauchst ja keinen Hundert-Prozent-Job anzunehmen, schliesslich verdiene ich auch noch. Daneben könntest du im Fernstudium die Matura nachholen und später Theologie studieren.» Beatrice war von dieser Idee nicht mehr abzubringen.

Die Matura nachholen und studieren, davon hielt ich nichts, soweit konnte ich jetzt nicht denken. Obwohl: der Gedanke, dass ich Theologe wäre – Pfarrer, Prediger –, der gefiel mir ausserordentlich. Auf einer Kanzel zu stehen und zu den Menschen sprechen, das konnte ich mir gut vorstellen, davon träumte ich manchmal auch.

Ich liess mich überreden und meldete mich zu diesem Service-Schnellkurs an. Gleichzeitig liess Beatrice die Matura-Unterlagen kommen.

Ich hatte keine Probleme, nach dieser Schnellbleiche einen Teilzeitjob zu finden. Bald arbeitete ich in zwei Restaurants. Trotzdem war ich nicht zufrieden. Die Arbeit war erträglich, aber sie gefiel mir nicht besonders.

Dafür wurde meine Stimmung wieder etwas besser. Ich musste zwar bald ins Gefängnis, aber ich hatte eine Gnadenfrist bekommen. Weshalb sollte ich diese wertvolle Zeit mit Trübsalblasen vergeuden? Dafür ist später immer noch Zeit, sagte ich mir. Jetzt geniesst du das Leben nochmals in vollen Zügen. Schliesslich spielt es keine Rolle mehr. Du musst nicht mehr aufpassen, was du tust. Nichts hinderte mich daran, einen alten Bekannten in Basel anzurufen und ihn zu fragen, ob er mir einen Job habe, der mir mehr zusage als Kellner.

Ich ging in den Hauptbahnhof, suchte mir eine freie Telefonzelle, die ein bisschen abseits lag, kontrollierte, ob ich genügend Kleingeld dabei hatte, und rief die baselstädtische Verwaltung an. Ich verlangte den Rektor der Abteilung Religion und Lebenskunde.

«Ich bin es, Hanspeter Streit.»

«Nein, so etwas, das gibt es ja nicht. Guten Tag, Herr Streit, wie geht es Ihnen?» Obwohl er schon so lange in Basel wohnte, hatte er seinen Ostschweizer Dialekt nicht verloren.

Er war noch immer so freundlich wie damals, als ich bei ihm gearbeitet hatte. Das machte mich stutzig.

«Ich glaube, Sie verwechseln mich. Ich bin der Streit, der vor sieben Jahren bei Ihnen Schule gegeben hat.»
«Jaja, das weiss ich doch. Sie waren einer unserer besten Lehrer!»
Er hatte mir das damals öfters gesagt. Ich hatte ihn lange nicht mehr gesehen, fast acht Jahre, und er tat, als hätten wir gestern noch miteinander geplaudert. Ich hatte in all den Jahren nie etwas von ihm gehört, ich wusste nicht, wie er auf meinen Ehebruch reagiert hatte. Zum Glück war ich ihm damals nicht mehr begegnet, ich hatte ihn doch enttäuscht.
«Ich bin nachher nach Lengnau gegangen.»
«Ja, ich weiss. Und ich habe Ihnen immer gesagt, Sie sollten in Basel bleiben.»
Ich warf eine Münze nach.
«Das wäre vielleicht besser gewesen.» Ich lächelte.
«Wo sind Sie denn jetzt?»
«In Zürich.»
«Und was machen Sie dort?»
«Ja eben, deshalb rufe ich Sie an.»
Er reagierte immer noch nicht. Das konnte doch gar nicht sein, er musste doch von meiner Lengnauer Affäre gehört haben! Ich fragte ihn danach.
«Sie wissen doch sicher, was in der Zwischenzeit alles passiert ist?»
«Naja, so in etwa. Was halt in den Zeitungen gestanden ist.»
Mehr sagte er nicht. Ich fasste mir ein Herz.
«Ich wollte Sie bitten, also, ich dachte mir, ob ich vielleicht wieder bei Ihnen Schule geben kann? Wissen Sie …»
Pieps.
Ich musste wieder ein Münze in den Schlitz werfen.

Er sagte irgend etwas. Aber ich konnte es nicht verstehen, ich war viel zu aufgeregt. Ich kramte eine Münze hervor, zitterte, liess sie fallen, musste mich bücken und konnte sie gerade noch rechtzeitig einwerfen, bevor die Verbindung unterbrochen wurde.
«Entschuldigen Sie, ich konnte Sie nicht hören …»

«Ich sagte, da sehe ich kein Problem.»
Wie bitte? War das wirklich möglich? Ich hätte ihn verstanden, wenn er mich ausgelacht hätte. Einen abgestürzten Sozialarbeiter auf Kinder loszulassen, und dann ausgerechnet noch als Lebenskundelehrer!
Ich brachte kein Wort hervor.
«Wissen Sie, Herr Streit, jeder kann einmal aufs falsche Gleis geraten. Ihr Delikt hat ja nichts mit Kindern zu tun. Wichtig ist für mich die Zeit, als Sie für mich Schule gegeben haben. Wir sollten dort weiterfahren, wo wir damals aufgehört haben.»
«Das ist ja wundervoll. Ich weiss gar nicht, wie ich Ihnen danken soll.»
«Leider habe ich hier in Basel im Moment keine freien Stunden. Aber melden Sie sich in Aesch, das ist etwa eine Viertelstunde von Basel entfernt. Dort sucht man jemand für einige Stunden pro Woche.»
Er gab mir die Telefonnummer, wünschte mir viel Glück und sagte, dass er sich freuen würde, mich wieder einmal zu sehen.
Ich rief in Aesch an.
Als ich erwähnte, dass ich früher in Basel gearbeitet hatte und auf Empfehlung des Rektors anrufe, konnte ich gleich einen Termin für nächsten Samstag abmachen, um mich vorzustellen.

Im Briefkasten lag ein Brief von Conny. Ich stürmte in die Wohnung und riss das Couvert auf.
«Lieber Papi, mir geht es gut, aber ich vermisse Dich sehr. Komm mich doch bitte wieder einmal besuchen. Unsere neue Wohnung ist schön. Auch in der Schule geht es gut.»
Ich war gerührt. Die Kleine war jetzt elf Jahre alt. Ich wollte sie unbedingt wiedersehen. Da Beatrice noch nicht zu Hause war, griff ich zum Telefon, erfragte mir über die Auskunft die Telefonnummer, freute mich darüber, dass Gerda unter dem Namen Streit angemeldet war, genehmigte mir einen Whisky, was ich jetzt öfters tat, und wählte die Nummer. Ich war nervös. Das letzte Mal hatte ich Gerda vom Polizeiposten aus angerufen und ihr mitgeteilt, dass ich verhaftet worden sei.

Nach dreimaligem Klingeln nahm sie ab.
«Streit.»
«Hier ist auch Streit. Hallo Gerda.»
«Hallo Hanspeter.» Ihre Stimme klang nicht wütend, eher ruhig und sachlich.
«Wie geht es dir, Gerda?»
«Gut. Und dir?»
«Ja, danke, auch gut.»
Wir schwiegen eine Weile. Bevor es peinlich wurde, sagte sie schnell:
«Du willst sicher mit Conny sprechen?»
«Ja, gerne, ist sie da?»
«Moment.» Sie rief Conny zu sich. Dann wandte sie sich wieder mir zu. «Also, sie ist da, mach's gut.»
«Du auch.»
Unsere Konversation verlief ziemlich kühl. Ich wollte mich nicht rechtfertigen, was hätte es für einen Sinn gehabt?
«Hallo Papi.»
«Conny, mein Schatz, ich vermisse dich so!»
Sie erzählte aufgeregt, wie ihre neue Wohnung aussehe, was sie in der Schule mache und welche Freundinnen sie habe. Sie redete so schnell, dass ich nicht alles mitbekam. Als sie Luft holen musste, ging ich schnell dazwischen:
«Hör mal Conny, ich muss am Samstag nach Basel, wegen einer Stelle. Vielleicht dürfen wir uns ja sehen. Frag doch mal Mami.»
Conny legte den Hörer zur Seite und schrie:
«Maamii, Maamii, Papi kommt am Samstag nach Basel. Er kommt mich besuchen.»
Gerda hatte nichts dagegen. Wir machten am Samstag zum Mittagessen ab. Ich freute mich wie ein kleiner Junge.
Als Beatrice nach Hause kam, erzählte ich ihr von meinen Telefonaten mit dem Rektor und mit Conny. Auch sie freute sich und hatte nichts dagegen, dass ich Conny besuchen und damit zwangsläufig auch Gerda begegnen würde.
Sie bemerkte, dass es mir nun viel besser ging. Mein Leben hatte wieder einen Sinn bekommen. Dass ich demnächst in den Knast musste, daran versuchte ich nicht mehr zu denken.

Wie abgemacht fuhr ich am Samstag mit dem Zug nach Basel. Aus der Zeit als Blaukreuzfürsorger kannte ich mich in Basel aus und wusste, dass ich das Tram Nummer 15 Richtung St. Louis nehmen musste, um an den Voltaplatz zu gelangen.

Es ist nicht gerade das beste Quartier. Die Strasse, an der Gerda wohnte, ist stark befahren. Alle Lastwagen, die von Frankreich in die Schweiz oder umgekehrt wollen, müssen sich dort vorbeizwängen. Ich dachte kurz an unsere Zeit in Lengnau zurück, da mussten wir nie Angst haben, dass Conny gerade vor dem Haus überfahren würde. Wir wohnten damals genügend weit von der Durchgangsstrasse entfernt.

Je näher ich an das Haus kam, desto unsicherer wurde ich. Was sollte ich nur sagen? Sollte ich mich bei Gerda entschuldigen? Ich klingelte. Die automatische Türe wurde sofort geöffnet.

«Hallo Papi!» Das war Conny. Ich hörte, wie sie mit schnellen Schritten die Treppe hinunterrannte.

Ich wartete. Conny machte einen Sprung. Ich fing sie in meinen Armen auf.

Sie war ein schönes Mädchen mit langen dunkelblonden Haaren geworden. Ich trug sie die Treppe hoch, was mir ziemlich zu schaffen machte, schliesslich war Conny kein Kleinkind mehr. Gerda wartete an der Tür. Sie hatte sich nicht verändert. Nur ihr Haar trug sie jetzt ein wenig kürzer. Ich liess Conny zu Boden gleiten und wusste nicht recht, wie ich Gerda begrüssen sollte. Küssen oder nur die Hand geben?

Ich gab ihr die Hand.

Die Wohnung war klein und einfach eingerichtet. Unsere schönen teuren Möbel aus Lengnau waren alle verpfändet worden. Conny zerrte mich in ihr Zimmer, und ich musste alles anschauen. Sie zeigte mir voller Stolz ihre Schulbücher. Plötzlich wurde sie ernst.

«Ich muss jetzt die Aufgaben immer alleine machen.»
«Das glaube ich dir nicht. Mami hilft dir sicher.»
«Warum hilfst du nicht mehr?»

Zum Glück rief Gerda in diesem Moment zum Essen, und Conny flitzte an den Tisch. Ich hätte nicht gewusst, was ich antworten sollte.

Das Essen schmeckte ausgezeichnet, wie immer. Überhaupt war alles ein bisschen wie früher, als ich regelmässig zum Mittagessen nach Hause gekommen war, zuerst in Basel und später in Lengnau. Aber wir vermieden es, über vergangene Zeiten zu reden. Gerda stellte mir keine einzige Frage, warum und wieso ich das alles getan hatte. Sie erzählte, dass sie von der Sozialhilfe unterstützt werde, und erkundigte sich, wovon ich denn lebe und was ich bis zu meinem Prozess unternehmen werde. Ich sagte ihr, dass ich vielleicht einen Job in Aesch bekomme. Gerda meinte darauf, das sei doch gut, dann könnte ich Conny öfters besuchen.
«Oh ja, das wäre fantastisch», sagte Conny sofort.
«Nicht zu früh freuen, man weiss nie, was alles dazwischen kommt.»
Als ich mich verabschiedete, musste ich die Tränen zurückhalten. Erst jetzt wurde mir bewusst, wieviel ich verspielt hatte.
Das Vorstellungsgespräch in Aesch dauerte nicht lange. Ich bekam den Job.
Über meine Vergangenheit erzählte ich nichts.

Zwei Teilzeitjobs als Kellner und ein 10-Stunden-Pensum als Lehrer waren zuviel. Ich gab die eine Servicestelle auf und blieb im Restaurant «Grünau» beim Hardturm.
Es war ein rustikales, gemütliches Lokal, es erinnerte mich manchmal an den «Leuen» in Lengnau. Die Wirtin war eine alleinerziehende Mutter, sie war attraktiv und wusste, was sie wollte, sie liess sich nie unterkriegen. Ich verstand mich gut mit ihr. Meistens war sie sowieso nicht im Lokal, sondern oben in ihrer Wohnung und schaute Fernsehen. Das passte mir.
Im Gegensatz zu den Lehrern in Aesch hatte sie sich über meine Vergangenheit erkundigt. Ich hatte ihr erzählt, dass ich auf dem zweiten Bildungsweg Theologie studiere. Als sie mich nach meinem Vornamen fragte, sagte ich ihr, ich heisse «Jeanpierre». Nicht jeder musste gleich wissen, dass ich der Millionenbetrüger war. Ausserdem waren meine Angaben ja nicht ganz falsch. Jeanpierre hiess ich tatsächlich, zumindest auf Französisch. Und auch Theologiestudent hätte zugetroffen, wäre es nach Beatrice

gegangen. Sie hatte ihre Pläne mit mir noch nicht aufgegeben und einmal sogar Unterlagen einer Theologischen Fakultät in Basel bestellt, für die man die Matura nicht brauchte, trotzdem aber Theologie studieren konnte. Sie wollte aus mir einen Prediger machen. Das schmeichelte mir, und je länger ich es mir überlegte, desto lieber wäre ich es tatsächlich geworden. Aber jetzt noch eine neue Ausbildung anfangen, dazu hatte ich keine Lust. Schliesslich wartete ich auf eine Gerichtsverhandlung, die garantiert mit einer mehrjährigen Gefängnisstrafe enden würde. Dies hatte Beatrice wohl verdrängt.

Auch wenn ich niemals Theologie studieren und Pfarrer werden würde, davon erzählen konnte ich wenigstens, das gönnte ich mir. Wenn die Leute mich als zukünftigen Prediger sahen, erfüllte mich das mit Stolz.

Ich musste zweimal in der Woche nach Aesch an die Schule. Es machte mir Spass, mit den Kindern zu arbeiten, und ich hatte, wie schon damals in Basel, nie disziplinarische Probleme. Die Schüler hörten mir aufmerksam zu, und ich zog alle Register der Rhetorik, die ich Gerdas Pfarrer abgeschaut hatte. Ich gestaltete den Unterricht mal lustig, mal spannend, ab und zu sachlich und ernst.

Auf den Mittwoch freute ich mich besonders, weil ich dann Conny sehen durfte. Sie hatte am Nachmittag schulfrei.

Wir trafen uns irgendwo in der Basler Innenstadt in einem Restaurant, assen etwas und erledigten zusammen die Hausaufgaben. Wir arbeiteten konzentriert, damit wir möglichst schnell fertig waren und etwas unternehmen konnten.

Wir gingen zusammen in den Zoo, ins Kino oder schlenderten einfach durch die Stadt, durchstöberten die Läden, sassen in einem Park und schleckten ein Eis.

Abends brachte ich Conny zurück zu Gerda an die Voltastrasse. Conny wollte mich nie gehen lassen. Auch mir tat der Abschied jedesmal weh.

Einmal, bei einer solchen Abschiedsszene, machte ich Gerda den Vorschlag, alle zusammen abendessen zu gehen. Sie war einverstanden.

So lud ich jeden Mittwochabend Conny und Gerda in ein Restau-

rant ein. Wir verputzten mein ganzes Trinkgeld, und das war nicht wenig, denn die Gäste der «Grünau» gaben hohe Trinkgelder. Wir gingen in Pizzerias, ab und zu auch in teurere Lokale, zum Beispiel in die «Safran-Zunft». Dieses Restaurant gefiel mir ganz besonders, in einem alten schönen Haus mitten in der Stadt, ein wenig dunkel, ziemlich romantisch. Ich liebte es, wenn wir drei zusammensassen, eine Kerze auf dem Tisch flackerte und wir diskutierten oder herumalberten.
Gerda und ich hatten keine Probleme, wir verstanden uns bestens. Manchmal, wenn ich mit dem letzten Zug von Basel nach Zürich fuhr, dachte ich, Gerda ist schon eine tolle Frau, sie trägt mir nichts nach, sie nimmt mich, wie ich bin.
Ob sie mich noch liebte?
Ein paar Monate später, im Juni 1983, wurden wir geschieden. Aber das änderte nichts an unseren gemeinsamen Mittwochabenden.
Und doch war alles nur auf Zeit. Langsam wurde ich unruhig. Zuerst rief ich immer wieder das Untersuchungsrichteramt an, fragte, ob man schon einen Termin für meine Verhandlung wisse. Nein, noch nicht, leider, es zögere sich hinaus. Später meldete ich mich nicht mehr. Dafür erwartete ich jeden Tag in der Post ein Aufgebot des Richters. Mir graute davor. Wenn ich in Aesch an der Schule war, rief ich jeweils Beatrice an, ob etwas gekommen sei. Nein, zum Glück noch nicht, sagte sie. Ich wusste nicht, ob ich mich darüber freuen sollte. Der Zustand, dass jeden Tag die Vorladung kommen könnte und ich dann alles, was ich in dieser kurzen Zeit aufgebaut hatte, verlieren würde, wurde zu einer riesigen Belastung. Ich bekam Angst vor diesem Tag. Selbstmordgedanken kamen wieder hoch. Noch schlimmer als damals im Knast.
Nein, sagte ich mir. Jetzt geniesse es einfach! Umbringen kannst du dich dann im Gefängnis.
Ich begann mich wieder treiben zu lassen. Unter dem Motto: Was soll's, irgendwann, wahrscheinlich schon bald, verliere ich ja doch alles. Wie damals in Lengnau.

Sie hiess Ines und war 24 Jahre alt. Sie war eine schöne Frau mit langen blonden Haaren, trug knallenge Jeans, Cowboy-Stiefel und ein Hemd, das sie höchstens bis zur Mitte zuknöpfte. Manchmal trug sie auch nur Jeans und einen Body, der ihre Figur und ihren Busen noch besser betonte.
Sie kam regelmässig in die «Grünau». Alleine.
Sie bestellte sich immer ein Panaché, mit viel Citro, wenig Bier.
Wir plauderten, flirteten miteinander. Sie erzählte, dass sie Sekretärin sei und dass ihr die Arbeit ganz gut gefalle. Dann fragte sie mich, weshalb ich nur teilzeit kellnere. Ich sagte ihr, wie schon der Wirtin, ich studiere Theologie.
Eines Abends, ich brachte ihr unaufgefordert ihr Panaché mit viel Citro, klagte sie über heftige Rückenschmerzen.
«Sie brauchen eine Massage», sagte ich und lachte. Ihre Augen funkelten, und sie warf keck ihre blonde Mähne in den Nacken.
«Vielleicht können Sie mir ja jemanden empfehlen.»
«Oh ja, natürlich. Zum Beispiel mich, ich bin ein ausgezeichneter Masseur.»
«Meinen Sie?»
«Naja, Sie müssten es testen.»
«Schon möglich. Ich kann es mir gut vorstellen. Sie mit Ihrer ruhigen, zufriedenen Art. Wissen Sie was? Sie haben etwas von einem Bären.»
«Ach ja?»
«Nein, nein! Warten Sie ...» Sie fuhr mit den Händen durch ihr blondes Haar und schüttelte den Kopf, so dass einige Haare nach vorne fielen und einen Teil ihres Gesichts verdeckten. Sie sah sehr geheimnisvoll aus.
«Sie gleichen einem Bernhardinerhund.»
«Ich bitte Sie!»
«Das ist ein Kompliment. Bernhardiner haben die schönsten und treusten Augen.»
Ich fühlte mich geschmeichelt, und wir spielten das Spiel weiter. Als sie ging, steckte sie mir ihre Visitenkarte zu.
«Rufen Sie mich an. Wann immer Sie wollen.»
Ich schaute ihr nach, wie sie zur Tür hinaus ging. Sie hatte einen beschwingten, tänzelnden Gang.

«Jeanpierre, wo bleibt denn mein Bier», rief ein anderer Gast.

Der «Fall Streit» hatte Folgen. Der Lengnauer Gemeindepräsident, der Gemeindeschreiber und der Vorsteher der Fürsorgekommission mussten von ihren Ämtern zurücktreten. Ich nahm diese Zeitungsmeldung emotionslos zur Kenntnis. Einzig der Gemeindeschreiber tat mir leid, schliesslich war er wirklich so etwas wie ein Freund gewesen, obwohl ich ihn jahrelang angelogen hatte. Manchmal hätte ich ihn gerne angerufen oder mit ihm ein Bier im «Leuen» getrunken, wie wir es früher oft getan hatten. Aber ich liess es. Wir hätten uns wohl nichts zu sagen gehabt.
An einem Mittwoch abend, als ich mit dem letzten Zug von Basel in Zürich ankam, suchte ich die Visitenkarte von Ines hervor. Beatrice hatte ich erzählt, ich bleibe in Basel, ich habe mich bei der Theologischen Fakultät, von der sie Unterlagen bestellt hatte, angemeldet, und jetzt sei der erste Kursabend. Ich würde mir irgendwo ein Zimmer nehmen und übernachten. Beatrice war stolz, dass ich endlich etwas aus mir machen wollte.
Seit meiner Scheidung sprach Beatrice wieder öfters übers Heiraten. Meistens konnte ich dem Thema ausweichen. Manchmal sagte ich, dass ich doch bald ins Gefängnis müsse und wir abwarten sollten, wie hoch das Urteil ausfallen würde.
Ich ging in eine Telefonzelle und wählte die Nummer von Ines.
«Hallo?»
«Hallo Ines. Ich bin es, Jeanpierre Streit.»
«Oh, was für eine Überraschung! Ich dachte, du rufst gar nicht mehr an.»
Wir hatten automatisch vom «Sie» ins «Du» gewechselt.
«Es ist schon spät. Bist du etwa schon im Bett?»
«Ja, aber das macht nichts.»
Ich stellte mir vor, wie sie aussah, was sie angezogen hatte, wenn überhaupt etwas.
«Das tut mir leid. Ich dachte, wir hätten …»
«Ja, ja. Kein Problem. Wo bist du denn jetzt?»
«Am Hauptbahnhof.»
«Gut, ich hole dich dort ab. In einer Viertelstunde bin ich bei dir.»

Sie brauchte eine halbe Stunde. Der Weg von Dietikon nach Zürich war nie und nimmer in einer Viertelstunde zu schaffen.
Sie fuhr einen grossen weissen Ami.
Ich öffnete die Tür und stieg ein.
«Hi!» sagte sie nur. Sie trug wieder enge Jeans, einen weissen Body und eine Jeansjacke. Sie sah toll aus.
«Also, was machen wir? Oh, das ist übrigens Mike!»
Ich kapierte nicht recht, schliesslich sassen wir alleine im Auto.
Sie lachte.
«Mike – so nenne ich meinen Wagen.»
«Ach so!» Ich lächelte, obwohl ich nicht begriff, dass man seinem Auto einen Namen geben kann.
«Wollen wir etwas essen gehen, in ein Restaurant, das um diese Zeit noch geöffnet hat?»
«Ja, das können wir», sagte sie zögernd.
«Natürlich nur wenn du hungrig bist.»
«Ich habe eigentlich keinen Hunger.»
«Ich eigentlich auch nicht.»
Wir sassen eine Weile schweigend im Auto. Mike hatte rote Ledersitze.
«Wie war dein Tag?» fragte ich dann.
«Gut. Und deiner?»
«Ich meine, wir können auch zu dir nach Hause fahren.»
Sie startete den Motor und drückte das Gaspedal. Es war schon ein anderes Fahrgefühl, in Mike zu sitzen, als in Beatrices Mitsubishi.
Auf dem Weg erzählte sie mir ihre Lebensgeschichte. Ihr Vater sei Sigrist in einer Methodistenkirche im Zürcher Oberland, deshalb wisse sie schon, was es bedeute, wenn jemand Theologie studiere so wie ich. Sie sei verheiratet, aber sie lebe getrennt. Einen Mann zu sich nach Hause genommen habe sie seither noch nie. Ich sei der erste. Dann schwärmte sie von ihrer grossen Leidenschaft, dem Tanzen. Damit konnte ich jedoch nichts anfangen.
Auch ich erzählte aus meinem Leben. Natürlich nur bruchstückhaft. Ich sei nicht nur Theologiestudent, sondern auch noch Religionslehrer. Und Psychologe am Zürcher Kinderspital. Im

Militär sei ich Musikhauptmann. Als Kellner arbeite ich nur, um die Menschen zu studieren.
Den Psychologen hatte ich spontan erfunden. Er gefiel mir. Das wäre auch ein Beruf für mich gewesen. Auch den Musikhauptmann hatte ich gerade erfunden. Musikhauptmann klingt doch gut! Ausserdem war ich ja damals in der Heilsarmee etwas Ähnliches gewesen.
Ines staunte nur noch, sagte immer wieder «Wow!»
Ich war wieder soweit. Ich baute an einem neuen Lügengebilde. Ich erzählte ihr auch, dass ich mit meiner Freundin zusammenwohne. Dazu sagte sie nichts.
Sie wohnte in einem grossen Betonblock. Als sie aus dem Auto stieg, strich sie Mike liebevoll über die Motorhaube. Die Karre bedeutete ihr offenbar ziemlich viel.
In ihrer Wohnung ging dann alles sehr schnell. Wir verzichteten auf den mühsamen Mittelteil des traditionellen Liebesspiels, den ich bei meinen früheren Sexabenteuern so oft mitgemacht hatte, wie Etwas-zu-trinken-Anbieten und Die-ganze-Wohnung-Zeigen. Sie nahm mich in die Arme, küsste mich und riss mir den Rollkragenpullover vom Leib. Wir liebten uns stürmisch.
Am nächsten Morgen stand sie früh auf. Ich blieb liegen und döste vor mich hin. Als sie ging, legte sie den Hausschlüssel auf den Nachttisch.
Beatrice sagte ich nichts von der neuen Bekanntschaft. Im Gegenteil: Die Theologiekurse fanden jetzt öfters statt, zum Teil auch übers Wochenende. In dieser Zeit war ich mit Ines zusammen. Ich begriff nicht, weshalb mir Beatrice nach all dem, was sie mit mir erlebt hatte, noch immer vertraute. Aber es war mir, wie schon damals in Lengnau, ziemlich egal. Schliesslich hatte alles bald ein Ende, ich lebte nur noch auf Raten.
Doch die Wochen und Monate zogen dahin, ohne dass ich eine Vorladung zu meiner Gerichtsverhandlung bekam. Mein Lügengebilde wurde grösser und grösser.
Ich wurde den Eltern und dem Bruder von Ines vorgestellt. Es waren nette Leute. Im Gegensatz zu ihrer Tochter waren sie schüchtern, lebten zurückgezogen, fast unscheinbar. Ines erzählte ihren Eltern begeistert, dass ich Psychologe sei, jetzt aber

Theologie studiere, bereits einige Schulstunden geben dürfe und nebenbei, um meinen Lebensunterhalt zu verdienen, als Kellner arbeite. Das gefiel ihrem Vater, überhaupt, die ganze Familie mochte mich. Die Mutter sagte mir einmal, sie habe noch nie erlebt, dass ihre Tochter wegen einem Mann auf ihre Tanzabende verzichte. Sie habe sie noch nie so glücklich gesehen.
Für mich aber war alles nur ein Spiel.

Die Wirtin rief mich ans Telefon. Es kam selten vor, dass ich einen Anruf in die «Grünau» erhielt. Wahrscheinlich war es Ines. Das Telefon hing an der Wand, zwischen Zigarettenautomat und Toiletten.
«Hier ist Streit.»
«Tschüss Papi!»
«So eine Überraschung, tschüss Conny.»
«Papi, du bist gerade im Fernsehen gekommen!»
Mir lief es kalt den Rücken hinunter. Was um Himmelswillen hatte ich im Fernsehen verloren?
«Warum Conny?»
«Die haben da so eine Sendung über Lengnau gemacht.» Conny rief ihre Mutter und fragte, was für eine Sendung das gewesen sei.
Gerda kam ans Telefon.
«Hallo Hanspeter.»
«Gerda! Was war das?»
«Es ging nicht um dich in erster Linie. In Lengnau sind doch jetzt Gemeindewahlen. Und da drei Leute aus dem Gemeinderat zurücktreten mussten, haben sie den ganzen Fall noch einmal aufgerollt.»
«Was heisst das?»
«Sie haben einfach gesagt, dass durch eine Betrugsaffäre des ehemaligen Fürsorgers Hanspeter Streit drei Leute von ihren Ämtern ...»
«Haben sie die ganze Doktor-Moser-Geschichte wiedergekäut?»
«Nein, nein, nur angetönt, aber keine Details.»
«Und die haben tatsächlich ein Foto von mir gezeigt?»
«Ja, ziemlich lange sogar.»

«Und meinen vollen Namen erwähnt?»
«Ja, natürlich.»
«Hanspeter Streit?»
«Ja, klar.»
Das war furchtbar. Was dachten wohl all die Eltern in Aesch, die ihre Kinder zum Lebenskundeunterricht eines Betrügers schickten? Die Gäste der «Grünau»? Ines? Ihre Eltern?
«Hanspeter, bist du noch da?»
«Ja ...»
«Was ist mit dir?»
«Nichts. Ist schon in Ordnung. Damit habe ich rechnen müssen. Die Vergangenheit wird mich noch oft einholen. Vielen Dank, dass ihr mich angerufen habt. Gib Conny einen Gute-Nacht-Kuss von mir.»
Ich legte auf und ging zurück an meine Arbeit. Es ärgerte mich, dass ich mein Äusseres nicht verändert, dass ich zumindest den Bart nicht abrasiert hatte. Ich sah noch immer genau gleich aus wie in Lengnau. Der falsche Vorname allein war eine schlechte Tarnung. Und in Aesch kannte man mich unter dem richtigen Namen.
Ich war überzeugt, ich würde die Schule und meine Arbeit in der «Grünau» verlieren.
Zur Polizeistunde verabschiedeten sich die letzten Gäste, ich begann aufzuräumen und zu putzen. Die Wirtin kam herunter, um abzurechnen. Sicher hatte sie ferngesehen, sie sah immer fern.
Sie verzog keine Miene, war freundlich, holte uns einen Whisky, bestellte mir später ein Taxi, das sie gleich bezahlte, und wünschte mir eine gute Nacht.
Beatrice war nicht zu Hause. Sie war für ein paar Tage zu ihren Eltern in die Berge gefahren. Ich sass alleine in der grossen Wohnung am Zürichberg, genehmigte mir noch einen Drink und grübelte über meine verzweifelte Situation nach. Zum ersten Mal dachte ich daran, meine Freiheit aufzugeben und in den vorzeitigen Strafvollzug zu gehen. Dass ich in den Knast musste, war klar. Warum also sollte ich nicht mit Absitzen beginnen, um dann neu anzufangen? Oder um ganz aufzuhören.

Plötzlich polterte es an die Türe. Jemand versuchte in die Wohnung einzudringen. Ich bekam Angst, ich wünschte mir, Beatrice wäre jetzt da. Mucksmäuschenstill blieb ich auf meinem Stuhl sitzen, ich getraute mich kaum zu atmen.
Ich hörte immer mehr Geräusche, Schritte, Klopfen. Waren das «gewöhnliche» Einbrecher, oder war das jemand, der mir eine Lektion erteilen wollte? Ein Racheakt?
Ich steigerte mich in etwas hinein, geriet in Panik.
Dann alarmierte ich die Polizei.
«Ich werde bedroht!» Ich sprach leise, flüsterte fast. «Bitte kommen Sie vorbei, Sonneggsteig 3. Ich bin heute abend im Fernsehen gekommen, ich habe ein hängiges Strafverfahren und ...»
«Beruhigen Sie sich, es wird gleich jemand da sein.»
Ich legte auf, setzte mich wieder hin und lauschte ganz konzentriert, aber es waren keine Geräusche mehr zu hören.
Wenig später sah ich durchs Fenster, wie zwei Polizeibeamte mit Taschenlampen den Vorgarten absuchten. Ich ging die Treppe hinunter und öffnete die Türe.
«Es tut mir leid, jetzt sind die Einbrecher verschwunden. Oder ich habe mir alles nur eingebildet. Vielleicht leide ich unter Verfolgungswahn. Wissen Sie, ich bin der Streit aus Lengnau, der ehemalige Fürsorger ...» Ich erzählte ihnen meine Geschichte.
Die beiden Beamten waren sehr nett, sie kannten meinen Fall, und wir plauderten ziemlich lange.
«Naja, nichts für ungut», sagten sie, als sie sich verabschiedeten, «wir kommen lieber einmal zu viel als einmal zu wenig!»
Ich ging wieder nach oben, legte mich ins Bett, konnte aber kein Auge zumachen. Solche Angst hatte ich noch nie gehabt. Was war mit mir los?
Um fünf Uhr musste ich bereits wieder aufstehen, um rechtzeitig in der Schule in Aesch zu sein.
Normalerweise bereitete ich mich im Zug auf die Stunden vor. Aber heute liess ich es. Ich stopfte mir meine Pfeife, starrte zum Fenster hinaus und stellte mir vor, wie mich die Lehrer in Aesch empfangen würden.

Es war November, draussen lag dichter Nebel. Erst hinter dem Bözberg wurde es klar. Es war noch immer dunkel, und ich konnte einige Sterne am Himmel erkennen.

«Da kommt Mörgeli!»
«Au ja, griezi Herr Mörgeli.»
«Hallo Mörgeli!»
Die Kinder riefen mir schon von weitem zu. Sie nannten mich immer «Mörgeli». Sie hatten mir den Übernamen gegeben, weil ich statt guten Morgen immer «Mörgeli» sagte. Das fanden sie «härzig». Ein Mädchen hatte mich einmal gefragt, weshalb ich nicht «griezi» wie sie sage. Ich erklärte ihr, dass ich halt aus dem Bernbiet komme und nicht Baseldeutsch spreche. Auch das fand sie «jee, wie härzig».
Ich ging in die Schule, ins Lehrerzimmer, deponierte meinen Mantel, begrüsste die anderen Lehrer, alle waren nett wie immer. Die Schulglocke klingelte, ich ging ins Klassenzimmer, die Kinder waren alle da, keines machte eine Bemerkung. Später, während der grossen Pause, trank ich im Lehrerzimmer mit meinen Kollegen wie gewöhnlich einen Kaffee. Wir plauderten zusammen, aber zur Fernsehsendung vom vergangenen Abend oder zu meiner Vergangenheit sagte keiner ein Wort. Ich unterrichtete noch eine andere Klasse, auch diese Kinder verhielten sich normal, wie immer.
Am Mittag verliess ich die Schule, ging durch ganz Aesch Richtung Bahnhof, traf mehrere Leute, die ich flüchtig kannte, alle grüssten mich freundlich. «Guten Tag, Herr Streit, wie geht's?»
Ich fuhr mit dem Zug nach Zürich zurück, ging in die «Grünau» und begann meinen Dienst. Als die Wirtin noch immer nichts sagte, wurde mir die Sache langsam unheimlich. Es konnte gestern abend doch nicht in der ganzen Schweiz einen Stromausfall während dieser Sendung gegeben haben!
In einer ruhigen Minute ging ich zur Wirtin.
«Ich muss mit Ihnen reden. Haben Sie Zeit?»
«Ja, natürlich, um was geht es denn?»

Sie stellte sich unwissend.
«Sie brauchen mir doch nichts vorzumachen. Sie haben gestern sicher ferngesehen.»
«Ach so, das meinen Sie. Ein bisschen erschrocken bin ich schon.» Sie begann zu lachen. Dann sagte sie ernst: «Ich begreife Sie. Klar, Sie haben mich angeschwindelt. Aber ehrlich gesagt, ich hätte das auch nicht gesagt. Nein, nein. Sie brauchen nichts zu befürchten. Sie sind jetzt zwar nicht mehr Theologiestudent, aber deswegen mögen Sie die Gäste nicht weniger. Vielleicht haben Sie es ja schon bemerkt: Gestern abend, nach der Sendung, kamen noch einige, die normalerweise nicht zu dieser späten Stunde kommen. Sie kamen nur, um Sie anzusehen. Sie werden sich wohl ein paar Sprüche anhören müssen. Aber ich wäre froh, wenn Sie bleiben würden.»
Ich bedankte mich und ging zurück an die Arbeit. An diesem Abend hatte es mehr Gäste als üblich im Lokal, aber das bildete ich mir vielleicht nur ein. Wie die Wirtin gesagt hatte, änderte sich nichts. Ab und zu ein Spruch, das war alles. «Zählt das Rückgeld gut nach», sagten die Stammgäste manchmal zueinander und lachten. Oder: «Diesen geldgierigen Politikern hast du es gezeigt.» Ein Pöstler, der jeden Tag vorbeikam, sagte einmal: «Jetzt gebe ich dir noch ein Extra-Trinkgeld. Da sieht man, wie die Leute immer nur den Profit im Kopf haben.» Ich staunte über diese Schadenfreude, fragte mich aber auch, ob diese Leute, die jetzt so herzhaft über die Lengnauer lachen konnten, nicht auch auf mich hereingefallen wären.
Ines dagegen reagierte heftig. Sie machte mir eine Szene. «Warum hast du mir das nie erzählt?» Sie regte sich fürchterlich auf. Sie fuhr sich die ganze Zeit mit den Händen in die Haare, bis sie ganz zerzaust waren.
«Ines, ich wollte dir das nicht sagen. Ich schäme mich dafür. Weisst du, ich habe einen Zwillingsbruder, den Hanspeter.» Was war ich froh, dass ich mich umgetauft hatte!
«Du hast was?»
«Einen Zwillingsbruder, er gleicht mir aufs Haar. Er war dieser Fürsorger in Lengnau. Ich hatte Angst, dir davon zu erzählen, schliesslich ist es nicht gerade ehrenhaft für unsere Familie.»

Da Ines seit unserem Verhältnis kaum mehr in die «Grünau» kam, konnte ich ihr das ruhig erzählen. Trotzdem glaubte sie mir nicht.
«Das kann doch nicht sein. Jeanpierre, Hanspeter, was noch?»
«Ines, ich bitte dich, ich sage dir die Wahrheit.»
Sie fragte immer wieder, wie mein «Zwillingsbruder» die Leute denn betrogen habe. Ich antwortete ihr, ich wisse das nicht genau. Die Doktor-Moser-Geschichte erwähnte ich nie. Bis Ines vollständig überzeugt war, brauchte es einige Zeit. Aber ich schaffte es.
Was das Lügen betraf, war ich wieder in Hochform. Ich spielte nochmals alles oder nichts. Den Gedanken an den vorzeitigen Strafvollzug verwarf ich wieder.
Ich liess einige Zeit verstreichen, Ines beruhigte sich, wir verbrachten eine tolle Zeit miteinander. Wir sahen uns nicht oft, doch wenn wir zusammen waren, war es sehr intensiv.
Ein paarmal fuhr sie mich am Morgen früh bis nach Aesch in die Schule. Ein anderes Mal wollte sie mich ins Kinderspital fahren. Ich hatte ihr erzählt, dass ich an diesem Tag dort zu tun habe, ich war ja angeblich Psychologe. Ich hatte nicht damit gerechnet, dass sie mich hinfahren wollte. Natürlich lehnte ich ihr Angebot ab. Aber sie bestand darauf. So fuhr sie mich mit ihrem Mike bis vor den Eingang. Ich küsste sie, stieg aus und wartete, bis sie wegfahren würde. Aber sie blieb stehen und winkte mir zu. Ich ging hinein, liess fünf Minuten verstreichen und machte mich dann auf den Weg nach Hause zu Beatrice.
Ines liebte mich wirklich. Manchmal sprach sie vom Heiraten und Kindern, und ich musste mich immer irgendwie herauswinden. Sie wollte unbedingt ein Kind von mir. In den Kaufhäusern schaute sie sich in den Kinderabteilungen um und brachte Kataloge von Babysachen mit.
Über Beatrice sprachen wir fast nie. Wir mieden das Thema.
Als mich Ines eines Tages fragte, wir hatten gerade wieder übers Heiraten gesprochen, ob ich denn noch lange studieren müsse, sagte ich, dass ich ein grosses Problem habe.
Ich stützte meine Arme an der Tischkante auf, faltete die Hände und schaute ihr tief in die Augen.

«Ich stehe kurz vor dem Abschluss. Jetzt muss ich nur noch eine Probepredigt halten ...»
«Eine Probepredigt?»
«Ja, damit unsere Dozenten sehen und hören können, was wir gelernt haben. Ich weiss aber nicht, wo ich diese Predigt halten soll. Ich kann doch nicht einfach in irgendeine Kirche gehen und sagen: Ich bin Jeanpierre Streit, ich werde am Sonntag hier predigen. Das kann ich unmöglich tun.»
«Halte doch die Predigt bei uns. Ich meine in der Kirche meines Vaters, in der Methodistenkirche. Oder ist das nicht erlaubt?»
«Oh doch, das würde schon gehen. Meinst du, dein Vater wäre einverstanden?»
«Wir werden ja sehen. Aber ich bin sicher, dass das klappen wird. Wann muss das denn sein?»
Ich holte meine Agenda hervor und schaute nach, wann Beatrice im Spital Sonntagsdienst hatte.

6.

Die Kirche war bis auf den letzten Platz besetzt, sogar auf der Empore sassen Leute. Mit Mikrofon und Lautsprecher wurde die Predigt auch ins benachbarte Altersheim übertragen.
Ines sass in der ersten Reihe. Sie sah besonders hübsch aus. Sie trug ein langes schwarzes Kleid, das hoch aufgeschlitzt war. Wenn sie die Beine übereinander schlug, rutschte der Rock manchmal zur Seite, dann sah man ihre langen schlanken Beine. Dazu trug sie ziemlich hohe, sehr elegante Lackschuhe. Ihre blonden Haare hatte sie züchtig nach oben gesteckt.
Neben ihr sassen ihre Eltern und ihr Bruder.
Ich trug schwarze Hosen, einen schwarzen Rollkragenpullover und ein schwarzes Veston, das ich speziell für diesen Tag gekauft hatte.
Nachdem die Orgel verstummt war, stieg ich auf die Kanzel und begann meine Predigt.
Ich war gut vorbereitet. Nächtelang hatte ich Bibelverse studiert. Aus dem Lengnauer evangelisch-reformierten Monatsblatt «Echo» hatte ich meine besten Artikel herausgesucht, die ich schon für meine Buchmatinee verwendet hatte. Ich stellte mir nochmals vor, wie Gerdas Pfarrer predigte. Wie er die Rhetorik beherrschte, welche Gesten er machte.
Ich war nervös. Ich achtete darauf, dass ich langsam sprach, dass meine Stimme ganz ruhig war. Manchmal blickte ich zu den Leuten, zu Ines, die mich mit leuchtenden Augen anstrahlte, manchmal schaute ich wirkungsvoll zu Boden oder starrte in die Ferne.
Einmal mehr profitierte ich von meinem Wissen und meiner Erfahrung aus der Heilsarmee.
Ich machte lange Pausen. Dann wurde es ganz still. Nicht einmal ein Hüsteln war zu hören.
Ich genoss jede Minute, jede Sekunde, jeden einzelnen Augenblick.
Die Menschen hörten mir zu. Andächtig. Jedes Wort lasen sie mir

von den Lippen ab. Das war wundervoll. Ich hatte eine eigene Gemeinde. Die Menschen da unten, sie liebten, sie verehrten mich.

Oh Gott, wie glücklich ich war!

Es war eine schöne Predigt. Die Leute kamen zu mir und bedankten sich. Selbst Ines' Vater lobte mich. Später hörte ich, dass auch die alten Menschen aus dem Heim sehr zufrieden waren. Meine Worte hätten ihnen viel gegeben, sie seien so eindrucksvoll, so tiefgründig gewesen, erzählte man mir.

Als mich Ines fragte, wie es meinen Dozenten gefallen habe, sagte ich, dass ich sie nur kurz gesehen und nicht richtig mit ihnen habe sprechen können. Aber auch sie seien sehr beeindruckt gewesen. Ines umarmte mich.

Vielleicht wäre ich wirklich ein guter Prediger geworden. Jedenfalls wäre ich ein Pfarrer gewesen, der seinen Beruf über alles geliebt, der alles dafür getan hätte. Doch diesen Weg hatte ich mir längst verbaut. Und daran war ich ganz alleine schuld.

Aber warum, und das fragte ich mich oft, warum glaubten mir die Leute das alles? Beatrice und Ines, auch Gerda, das waren keine dummen Frauen. Oder der Vater von Ines. Warum stellte er mir seine Kirche, seine ganze Gemeinde zur Verfügung, ohne nachzufragen? Ohne sich über mich und meine angebliche Probepredigt zu erkundigen? Warum?

Ich spielte mein Spiel weiter.

Eines Abends waren Ines und ich bei ihren Eltern eingeladen. Auch ihr Bruder war dabei. Mittlerweile sahen die Eltern in mir ihren zukünftigen Schwiegersohn. Ich dachte natürlich keinen Moment an so etwas.

Nach dem Essen, es war schon ziemlich spät, stützte ich wieder meine Arme an der Tischkante auf und faltete meine Hände.

Die Geschichte, die ich erzählte, handelte von einem gewissen Doktor Moser, der ein hohes Tier in der Basler Chemie war, der aber einen schrecklichen Unfall hatte, der einmal in seinem Leben zu viel Alkohol getrunken und im Rausch ein Kind zu Tode gefahren …

Die Geschichte zog ihre Kreise. Schon bald war ich um 270'000 Franken reicher.
Doch ich wurde müde. Das Spiel mit Ines, mit Beatrice, mit dem Theologiestudium, dem Psychologenjob, mit der Doktor-Moser-Story – lange würde ich das nicht mehr durchhalten können. Aber der Gerichtstermin, der die ganze Sache von alleine gelöst hätte, kam und kam nicht. Ich war es leid, von Tag zu Tag zu leben, ohne Perspektive, ohne Hoffnung. Das Motto, das ich mir gegeben hatte: «Was soll's, geniesse das Leben jetzt, es ist sowieso bald zu Ende», machte mich fertig. Ich wurde unkonzentriert und gestresst.
Vor allem, weil Ines anfing, mir die Hölle heiss zu machen. Immer wieder drängte sie: «Wann endlich sagst du es Beatrice?» Zeit schinden, um jeden Preis. Ich wollte Beatrice überhaupt nichts sagen. Es hätte ein Drama gegeben, schliesslich dauerte unser Verhältnis nun schon zehn Jahre. Es hätte viele Diskussionen und noch mehr Tränen gegeben.
Das gleiche wäre passiert, hätte ich Ines verlassen. Sexuell fühlte ich mich zwar zu ihr hingezogen, doch mit Beatrice war alles so vertraut, trotz meiner Lügen. Ich hätte ausziehen müssen. Eine eigene Wohnung suchen oder gleich zu Ines ziehen?
Ich wollte mich mit diesem Problem nicht beschäftigen. Nur noch ein bisschen das Leben geniessen ...
Ines gab nicht auf. Sie lag mir immer öfter mit ihrem Hochzeitswunsch in den Ohren.
Bis wir uns verlobten.
Über sechzig Gäste luden wir ein. Darunter auch Schüler aus Aesch, denen ich das Hotel in Zürich bezahlte, ich hatte ja wieder genug Geld. Beatrice hatte ich einmal mehr erzählt, dass ich übers Wochenende in Basel in den Theologie-Kursen sei.
Ines war überglücklich. Und ich hatte eine Zeitlang Ruhe.
Doch dann erkundigte sie sich wieder, ob ich jetzt endlich mit Beatrice geredet habe und ausziehen werde. Ihre Geduld war am Ende.
Wir waren in einem guten Restaurant in der Nähe ihrer Wohnung und hatten gerade gegessen, als sich eine Gruppe Lastwagenchauffeure an den Stammtisch setzte. Die Männer redeten Bern-

deutsch. Es war schon spät. Sie durften um diese Zeit wegen des Nachtfahrverbots für Lastwagen nicht mehr nach Hause fahren und mussten in ihren Camions übernachten. Sie tranken Bier, hatten es sehr lustig und schielten oft zu Ines herüber.
Ich hörte ihnen eine Weile amüsiert zu. Dann redete ich wieder mit Ines.
Die Chauffeure bemerkten sofort, dass auch ich Berndeutsch sprach.
«Das gibt es nicht, da sitzt ja noch ein Berner», rief einer der Männer zu mir herüber.
«Guten Abend», sagte ich freundlich. Ines blieb stumm.
«Der hat sich aber besser organisiert als wir. Wir haben nur Bier. Er hat wenigstens ein Mädchen dabei.»
Die Chauffeure lachten.
Kein Wunder, gefiel ihnen Ines. Sie war wirklich ein tolles Mädchen, und so wie sie an diesem Abend angezogen war, passte sie gut in die Trucker- oder Wildwestszene. Sie trug wieder ihre engen Jeans, ein kariertes Hemd und Cowboy-Boots.
«Das stimmt», sagte ich, «ich habe es besser als ihr!»
«Na na, jetzt tu nicht so selbstsicher!»
Ein anderer schaltete sich dazwischen: «Wer weiss, vielleicht dürften wir das Fräulein auch einmal einladen?»
Wieder lachten sie herzhaft.
«Na Ines, was meinst du?» Ich umarmte sie leicht.
«Fass mich nicht an», zischte sie. Ich wusste nicht, was mit ihr los war.
Die Chauffeure machten fröhlich weiter.
«Ich bezahle euch die nächste Runde», sagte ich dann, «mehr kann ich nicht für euch tun!»
«Na ja, wenigstens das!»
«Danke, Kumpel.»
«Schönen Abend noch, und halt die Ohren steif, du weisst ...» Er konnte seinen Satz nicht zu Ende machen, die anderen begannen zu grölen.
Ines stand plötzlich auf und ging hinaus. Ich bezahlte schnell die Rechnung und eilte ihr nach. Es war mir peinlich.
Kurz vor ihrem Wohnblock konnte ich sie einholen. Schweigend

gingen wir in ihre Wohnung. Sie knallte die Stiefel in eine Ecke und setzte sich aufs Sofa.
«Was ist denn los?»
«Nichts.»
Sie war wütend. Es dauerte etwa eine halbe Stunde, bis sie mit mir zu reden begann.
«Ich ertrage diese Sprüche einfach nicht.»
«Aber Ines, jetzt tu nicht so, da ist doch nichts dabei.»
«Da ist nichts dabei? Ja klar, du findest das in Ordnung, du hast ja auch mitgemacht!»
«Jetzt versteh doch. Das ist alles nicht ernst gemeint, das ist nur Spass.»
«Da hört bei mir der Spass auf. Wenn du mit mir essen gehst, brauchst du dich nicht mit anderen Leuten abzugeben.»
Langsam kamen wir zum Kern der Sache. Sie war eifersüchtig. Ines war immer eifersüchtig. Ich brauchte eine andere Frau nur anzuschauen oder mit jemand anderem reden. Waren wir irgendwo eingeladen, wurde sie sofort wütend, wenn ich nicht den ganzen Abend neben ihr war. Dass sie aber sogar auf diese Männer eifersüchtig war, konnte ich fast nicht glauben.
«Du bist eifersüchtig?!»
«Nein, was soll das denn damit zu tun haben?»
«Meine Güte, dann bist du tatsächlich wegen dieser paar Witzchen so sauer auf mich?»
«Witzchen, findest du diese primitiven Anmachsprüche wirklich witzig?» Sie fixierte mich mit ihren Augen, warf dann ihre blonde Mähne in den Nacken und setzte noch einen drauf: «Du lässt dich so weit herab? Das gefällt dir? Hör doch mit deinem Studium auf und werde Trucker!»
«Ines, ich bitte dich, jetzt übertreibst du aber.»
«Ach ja?»
«Wirklich, was ist denn an uns sogenannt gebildeten Leuten anders?»
Sie begann mich jetzt tatsächlich aufzuregen. Obwohl ich ein Betrüger war, obwohl ich die Leute ausgenommen, manchmal auch ausgelacht hatte, nie hatte ich mich so arrogant aufgeführt.
«Ines, jetzt hör mir mal zu.» Ich sprach ganz ruhig.

«Ich will nicht!»
«Ines, bitte, setz dich.»
Widerwillig setzte sie sich doch, und ich begann zu reden, zu predigen.
«Weisst du Ines, die einfachen Menschen sind mir meistens lieber, sie sind wenigstens aufrecht und sagen, was sie denken. So viele Bessergestellte zeigen doch nur eine Fassade, hinter der nicht viel steckt. Als Psychologe sehe ich das tagtäglich.» Ich dachte kurz an Lengnau, an die vielen kleinen wässrigen Äuglein der selbständigen Unternehmer und Geschäftsleute, wenn ich von Doktor Mosers Geheimcode gesprochen hatte. «Ich verstehe mich nie als etwas Besseres, Ines, ich bin ein stinknormaler Arbeiter, auch wenn ich als Lebenskundelehrer vor einer Klasse stehe. Nur deshalb habe ich so viel Spass daran. Ich unterrichte nie von oben herab. Auch als Pfarrer, ich bin und bleibe ein gewöhnlicher Mensch. Nur wenn ich die Sprache der Leute spreche, wenn ich einer von ihnen bin, verstehen sie mich.» Das hatte tatsächlich etwas Wahres. Ich versuchte mich immer den Leuten anzupassen, benutzte die Worte, die auch sie benutzten. Ines hatte aufmerksam zugehört. Zum Schluss sagte ich:
«Hören wir auf, Ines. Lass uns friedlich sein.» Ich wollte mich nicht schon wieder auf eine endlose Diskussion einlassen.
Doch ich stiess auf Granit.
«Ja ja ja! Und was ist jetzt eigentlich mit deiner Freundin. Hast du es ihr endlich gesagt? Jeanpierre, wir sind verlobt!»
«Ines, ich bitte dich ...»
Wir waren beim Thema.
«Soll ich es ihr sagen?»
Ich erwiderte nichts darauf. Ich zog mich aus und ging ins Bett. Da ich Beatrice erzählt hatte, dass ich über Nacht in Basel bleibe, weil der Theologiekurs am nächsten Morgen schon früh fortgesetzt würde, blieb mir nichts anderes übrig.
Ines stand lange im Bad, ich hörte, wie sie sich die Haare bürstete. Das tat sie immer, wenn sie wütend oder traurig war. Sie kam ins Schlafzimmer, zog sich aus. Nur ihren Slip behielt sie an, ein schwarzes, sehr knappes Ding. Sie kletterte zu mir ins Bett und kuschelte sich an mich.

«Es tut mir leid», flüsterte sie. «Ich will nicht mit dir streiten.»
«Schon gut Ines, ich verstehe dich ja.»
Wir küssten uns. Dann schliefen wir zusammen.
Am nächsten Morgen verabschiedete ich mich und sagte ihr, dass ich für drei Wochen ins Militär müsse, das Vaterland brauche meinen Dienst als Musikhauptmann. Ich wollte meine Ruhe.
In dieser Zeit machte Ines mit ihrer Drohung ernst.

Ich sass mit Beatrice vor dem Fernseher. Wir hatten eine Flasche Wein geöffnet und es uns gemütlich gemacht.
Da klingelte das Telefon.
Leicht genervt stand ich auf und nahm ab.
Es war Ines.
«Bist du nicht im Militär?»
«Nein, eh …»
«Was soll das?» Sie war wütend. «Ich will mit Beatrice sprechen.»
«Ja …» Ich hatte keine Ahnung, was ich sagen sollte, versuchte nicht einmal, sie von ihrem Vorhaben abzubringen. Ich rief Beatrice und gab ihr den Hörer.
Die beiden Frauen sprachen nicht lange. Beatrice legte auf. Ich hatte mich unterdessen ins Wohnzimmer verkrochen.
«Warum hast du es mir nicht gesagt?»
Sie holte ein Taschentuch hervor, wischte sich die Tränen ab und schneuzte sich kräftig.
«Beatrice, es …»
«Weisst du, das schlimmste ist, ich verstehe, dass sie mich angerufen hat. Sie sagt, sie könne nicht mehr. Ich kann gut verstehen, was sie durchmacht. Hämpeli, du hättest doch mit mir reden können!»
«Ja, du hast recht, aber ich habe mich nicht getraut. Du hast so viel für mich getan.»
«Gerade deshalb.»
«Ja, natürlich.»
«Jetzt musst du dich entscheiden. Ich kann nicht mehr warten. Ich habe schon einmal so lange auf dich gewartet.»

«Ja, Beatrice, ich weiss.» Mir fiel nichts mehr ein. Was hätte ich noch alles erzählen sollen? Mich entschuldigen? Das hatte doch keinen Sinn mehr.

«Ich bin enttäuscht, ja, aber ich bin nicht böse. Auf keinen Fall werde ich dich aufhalten, ich will dir nicht im Weg stehen.» Es wäre mir lieber gewesen, sie hätte mich gleich aus dem Haus geworfen. Aber so lag der Ball wieder bei mir. Ich musste mich zwischen zwei Frauen entscheiden, dabei wusste ich, dass es mit beiden bald aus sein würde. Sobald ich ins Gefängnis musste.

«Gib mir bitte noch einige Tage Zeit.» Mein letzter Versuch.

«Also gut. Aber diesmal musst du dich entscheiden.»

Die paar Tage brachten nicht viel. Ich war ständig im Stress, keine Minute konnte ich mehr geniessen, nachts wälzte ich mich schweissgebadet hin und her.

Schliesslich entschied ich mich für Ines.

Für Beatrice brach eine Welt zusammen. Sie fiel in eine schwere Depression. Ich bekam Angst um sie, machte mir Vorwürfe. Beatrice war wirklich eine gute und liebenswerte Frau. Wir hatten anfangs eine tolle Zeit gehabt, doch dann hätten wir unser Verhältnis beenden sollen, ich hätte ihr nie Hoffnungen machen dürfen, dass wir eines Tages heiraten würden. Doch zu tief steckte ich in meinem Lügensumpf, und es war so schön, geliebt zu werden.

Diesmal hatte ich ihr die Wahrheit gesagt. Und einmal mehr erlebte ich, dass die Wahrheit mehr schmerzt als die Lüge.

Ines dagegen blühte auf. Sie wusste allerdings nicht, dass ich im Grunde nicht mit ihr zusammen sein wollte, dass ich mir ein Leben mit ihr gar nie gewünscht hatte. Ich log und sagte, ich sei glücklich mit ihr. Das machte sie glücklich.

Ich war seit anderthalb Jahren in Freiheit. Es war Sommer, es war schönes, heisses Wetter. Die Menschen reisten in die Ferien, die, die hierblieben, sassen und lagen am Zürichsee, badeten, spielten Federball oder Tischtennis. Abends spazierte ich manchmal mit Ines dort vorbei, und sie schwärmte mir vor, wie wir an unserem freien Tag einen Ausflug machen könnten, in einen Wald fahren, picknicken oder uns einfach in der Sonne bräunen lassen. Sie strotzte nur so von Lebensfreude.

Ihre Energie machte mich fast verrückt. Ich war völlig lustlos. Ich konnte diesen Sommer nicht geniessen.
Ich wartete nur noch auf das Gerichtsverfahren. Doch es kam nicht.
Trotzdem lösten sich meine Probleme von alleine.

Witzwil ist ein wunderschöner, romantischer Ort. Mitten im Seeland, im Grossen Moos, nur wenige hundert Meter vom Neuenburgersee entfernt. Die Strasse nach Witzwil ist schmal und holprig, links und rechts von ihr stehen hohe Bäume. Man könnte meinen, da hinten sei ein altes, verwunschenes Märchenschloss.
Doch es ist eine Strafanstalt. Der ganze Weiler Witzwil besteht eigentlich nur aus Gefängnis. Es ist alles andere als ein Märchenschloss, ein moderner Bau mit verschieden farbig angemalten Türen und Fenstern. Die Farben markieren die einzelnen Wohnabteilungen. Witzwil ist kein Knast für Schwerkriminelle, es ist eine halb-offene Anstalt.
Dort rückte ich am 28. August 1984 ein. Ein paar Wochen zuvor, Anfang Juli, war ich in der Wohnung von Ines verhaftet worden. Jemand war hinter die Doktor-Moser-Geschichte gekommen. Ich sass in Zürich in Untersuchungshaft, meldete mich dann für den vorzeitigen Strafvollzug und wurde nach Witzwil gebracht. Ich war jetzt 37 Jahre alt und wollte mit meinem Leben abschliessen. Ich hatte keine Zeit mehr, um auf meine Gerichtsverhandlung zu warten.
Ich erhielt einen Job in der Küche. Als wir eines Tages Sauerkraut machten, rutschte ich mit dem ganzen Gemüse auf der nassen Treppe aus und purzelte hinunter. Mein Fuss schmerzte. Der Arzt stellte einen Bänderriss fest. Zusätzlich bekam ich einen Bluterguss und konnte kaum noch gehen. Ich fürchtete, dass ich das Bein verlieren würde. Aber das spielte keine Rolle mehr.
Als mich Ines besuchte, wusste ich nicht, was ich ihr sagen sollte. Ich dachte, sie sei wütend, aber sie war traurig. Immer wieder betonte sie, ich hätte ihr doch die Wahrheit sagen können, sie hätte mich trotzdem geliebt. Ich sei doch ein guter Mensch, in mir

stecke so viel, ich wäre wirklich ein guter Pfarrer geworden undsoweiter. Es kam mir vor wie damals, als mich Beatrice nach meinem Lengnauer Fall im Knast besucht hatte.
Ich sass da und hörte zu. Manchmal sagte ich ganz leise: «Ines, hör auf, ich will nicht mehr!»
«Jeanpierre», sie nannte mich noch immer Jeanpierre, «Jeanpierre, sag das nicht, bitte.»
«Ich will nicht mehr ...» Ich war den Tränen nahe. Ich war wirklich lebensmüde.
Das muss der Grund gewesen sein, weshalb mich Ines nicht verlassen wollte, weshalb mich schon Beatrice damals nicht verlassen hatte.
Ich konnte weinen.
Zum Abschied sagte ich: «Also mach's gut. Du weisst, ich werde nicht hierbleiben. Sobald ich alles erledigt habe, werde ich für immer gehen.»
Darauf schrieb sie mir jeden Tag einen langen Liebesbrief. Ich staunte, was man alles schreiben kann. Es war so überschwenglich, so süss, so unrealistisch. Sie flehte mich an, ich dürfe mich nicht umbringen, sie könne ohne mich nicht leben. Und das alles trotz meiner Lügen! Ich schenkte diesen Briefen wenig Beachtung.
Auch Beatrice besuchte mich, auch ihr sagte ich für immer adieu, und auch sie schrieb viele Briefe. Für mein verletztes Bein schickte sie mir einen Stützstrumpf aus ihrem Spital.
Warum taten Beatrice und Ines das alles für mich? Warum schickten sie mich nicht zur Hölle? Je länger ich darüber nachdachte, desto klarer wurde mir, wie gute, wie starke Frauen Ines und Beatrice, auch Gerda, waren. Sie sahen das Gute in mir, ihre Gefühle waren echt. Ich hatte sie benutzt, gespielt mit ihnen. Ich fühlte mich immer mehr als kleiner, mieser Kerl.
Ich war bereit. Mein Entschluss, dieses Leben zu beenden, stand fest.
Mit den Typen in diesem Knast konnte ich nicht viel anfangen. Die meisten waren Drögeler, Alkoholiker, Kleinkriminelle. Schon bald schien es mir unwürdig, hier zu sterben. Meine letzten zehn Jahre waren so spektakulär gewesen und hatten in der ganzen

Schweiz für Aufsehen gesorgt; also sollte auch mein endgültiger Abgang etwas Dramatisches haben. Dass ich wirklich Selbstmord machen würde, daran zweifelte ich keinen Moment.
Auch wenn ich je wieder aus dem Gefängnis entlassen würde, konnte ich mir nicht vorstellen, mit dem Stempel eines Ex-Sträflings weiterzuleben. Ein Knasti als Lehrer? Als Sozialarbeiter? Ein Knasti, den man achtet, verehrt und liebt? Ich brauchte diese Liebe. Noch immer war ich süchtig danach.
Ich beschloss, mich in der Aare zu ertränken. Das schien mir die einfachste und sicherste Methode zu sein. Irgendwann, irgendwo würden sie mich dann finden.
Ich musste raus aus dieser Anstalt! Da ich aber ein neuer Häftling war, hatte ich noch kein Anrecht auf Urlaub. Deshalb begann ich, meine Flucht zu organisieren.
Es war kein allzu grosses Problem. Ein Mitgefangener vermittelte mir einen Chauffeur und gab mir gleichzeitig eine Adresse mit einer Telefonnummer, wo ich garantiert Unterschlupf finden würde. Ein anderer steckte mir noch eine zweite Nummer zu, ich sollte es hier probieren, falls es beim ersten Ort nicht klappen würde. Ich war mir nicht sicher, ob ich diese Telefonnummern überhaupt benötigen würde, ich wollte ja ausbrechen, um mich umzubringen. Aber das sagte ich meinen Kumpanen nicht.
Da mir bei der Verhaftung das Geld, das ich noch übrig hatte, abgenommen worden war, musste ich meine Tabakpfeifen an verschiedene Insassen verkaufen, um wenigstens ein bisschen Geld in der Tasche zu haben und meine Helfer bezahlen zu können.
Der Fluchttermin wurde auf den 7. November festgesetzt. Ich schrieb einen kurzen Brief an Conny, in dem ich mich für längere Zeit abmeldete, ich müsse verreisen, trotzdem habe ich sie fest lieb. Dann zog ich den Stützstrumpf an, nahm die Kartonschachtel, in der ich mein Geld und die letzte Pfeife, die mir geblieben war, aufbewahrte, mit der anderen Hand packte ich einen Abfallsack und humpelte zu den Containern. Es war Nachmittag, die Sonne schien. Auf dem Weg zu den Containern traf ich einen Aufseher, den ich freundlich grüsste. Er hatte keinen Grund, misstrauisch zu werden, denn seit meinem Unfall war ich von der

Küche in den Wohndienst versetzt worden. Ich musste in meiner Wohnabteilung putzen und aufräumen, da war es nichts Aussergewöhnliches, dass ich zu den Containern ging.

Ich stellte meine Kartonschachtel ab, öffnete die Deckel sämtlicher Container, schaute, wo es am meisten Platz hatte, liess mir viel Zeit dabei und warf den Sack dann irgendwo hinein. In diesem Augenblick fuhr, wie es vereinbart war, ein Auto heran, die Tür wurde geöffnet, und ich stieg ein. Der Fahrer gab Gas. Als wir an der Schranke vorbeifuhren, duckte ich mich. Erst auf der holprigen Strasse, die durch die Pappelallee führt, kroch ich hervor. Wir begrüssten uns kurz, sprachen aber nicht viel. Ich fragte nicht einmal, wie und weshalb er auf das Gelände der Strafanstalt gelangt war.

Eigentlich hatte er den Auftrag, mich nach Kiesen – ein Ort zwischen Bern und Thun – zu bringen, damit ich mich von dort aus weiterorganisieren und eventuell die Leute anrufen konnte, die mich aufnehmen wollten und die nicht weit entfernt wohnten. Dort war auch die Aare nicht weit. Doch der Fahrer bekam Schiss. Diese Gegend war ihm zu heiss.

Er fuhr mich in die genau entgegengesetzte Richtung. Als wir an einer Post vorbeikamen, sprang ich schnell aus dem Auto und warf den Brief an Conny in den Kasten.

Der Fahrer stellte mich schliesslich im freiburgischen Düdingen ab. Mein ganzer Plan war für die Katz. Ich ging in ein Restaurant, um etwas zu trinken und um zu überlegen, was ich weiter tun sollte. Als ich eintrat, sah ich gerade noch rechtzeitig die beiden Männer, die am Stammtisch ihr Bier tranken. Es waren zwei Angestellte aus Witzwil. Ich machte rechtsumkehrt und ging zum Bahnhof. Ich bemerkte, dass mich der Bahnhofvorstand von oben bis unten musterte, und mir fiel ein, dass ich immer noch die blaue Arbeitskleidung der Anstalt trug. Da konnte ich es natürlich gleich vergessen, mit dem Zug zu fahren. Ich beschloss, ein Taxi zu nehmen.

Ich musste eine ganze Weile warten, bis ich einen Wagen bekam. Der Taxichauffeur war ein Westschweizer. Ich setzte mich auf den Rücksitz und erklärte ihm in gebrochenem Französisch, er solle mich nach Kiesen fahren.

Ich hatte den Eindruck, dass er mich die ganze Zeit im Rückspiegel beobachtete. Der bringt mich garantiert zum nächsten Polizeiposten, dachte ich. Um ihn abzulenken, begann ich, so gut es ging, mit ihm zu reden. Ich erzählte, dass ich Lastwagenchauffeur sei und einen schrecklichen Unfall gehabt habe. Ich sei noch immer ein bisschen verwirrt, vermutlich sei das der Schock. Der Chauffeur stieg auf die Diskussion ein, wir redeten über die Strassenverhältnisse und wie gefährlich es sei, gerade im November, wenn es neblig ist und auf den Strassen nasse Blätter liegen undsoweiter. Dabei hatte ich keine Ahnung vom Autofahren, ich besass ja nicht einmal den Führerausweis.

In Kiesen, es war jetzt schon dunkel, nahm ich mein Geld aus der Kartonschachtel, bezahlte den Taxifahrer und wartete, bis er weggefahren war. Dann versteckte ich die Schachtel hinter einem dichten Gebüsch; ich glaubte, sie würde mich als Sträfling verraten. Ich wischte sorgfältig den Schmutz von meiner Kleidung und ging ins «Bahnhöfli». Ich hatte Hunger und wollte nochmals richtig essen.

Ich kannte dieses Restaurant. Früher, als meine Grossmutter noch gelebt hatte, war ich nach dem Besuch im Altersheim mit Gerda jeweils in dieses Lokal zum Abendessen gegangen. Es war gut und preiswert. Meistens hatten wir Kotletts mit Pommes frites bestellt.

Ich bestellte auch jetzt Kotlett mit Pommes frites.

Meine Grossmutter war schon lange tot. Sie war die einzige meiner Familie, die ich wirklich vermisste. Sie war es, die mir in meiner Jugend geholfen, die mich immer wieder unterstützt hatte. Habe ich ihr je etwas zurückgeben können? Gott, wenn sie wüsste, was aus ihrem geliebten Hanspeterli geworden ist! Sie würde sich im Grab umdrehen. Was ist wohl aus ihrem alten Kleiderschrank geworden, der so stark nach Mottenkugeln gerochen hat? Was ist mit meiner Heilsarmee-Uniform passiert?

Ich musste lachen. Die Serviertochter brachte das Kotlett. Es schmeckte wie damals.

Mein Vater und meine Stiefmutter lebten noch immer in Münsingen. Ich kümmerte mich nicht gross um sie, ich suchte den Kontakt nicht. Meine Stiefmutter rief ab und zu an. Meistens telefonierte sie mit Gerda, später mit Beatrice. Ich wusste nicht recht, was sie von mir hielt. Hatte sie mir vielleicht sogar verziehen? Hatte sie mich wirklich nie geliebt oder ihre Aufgabe nur möglichst gut machen wollen und war damit schlicht überfordert gewesen? Was war mit Vater? Warum hatte er sich nicht mehr um mich gekümmert? Er musste mich doch geliebt haben, ich war doch sein einziger Sohn!

Plötzlich fiel mir Conny ein. Ich hatte ihr nicht mal richtig adieu gesagt. Ich hatte ihr nur geschrieben, dass ich für längere Zeit verreisen müsse. Aber ich hatte ihr nicht gesagt, dass ich nie mehr zurückkomme. Conny! Ich muss ihr nochmals schreiben, ich kann doch nicht einfach aus dem Leben abhauen.

Ich ass meinen Teller leer und fragte den Wirt, wo ich telefonieren könne. Da er keinen Münzapparat hatte, musste er auf einen Knopf drücken, um den Gebührenzähler einzuschalten und die Linie freizugeben. Ich kramte den Zettel mit der Telefonnummer hervor, die mir mein Mitgefangener vor der Flucht zugesteckt hatte. Ich stellte sie ein, doch es war niemand zu Hause.

Ich ging zurück an den Tisch, bestellte mir einen «Kaffee fertig» mit viel Schnaps und wartete.

Ich wollte mir noch ein paar Tage geben, damit ich meinen Selbstmord gut vorbereiten konnte. Damit ich vor allem Conny noch einen Brief schreiben konnte, ihr erklären, warum alles so gekommen war und warum es für mich nur noch den einen Weg gab. Den allerletzten Ausweg.

Wieder bat ich den Wirt, mir das Telefon freizugeben. Wieder war niemand zu Hause.

Ich trank noch einen «Kaffee fertig», wartete.

Ich versuchte es wieder und wieder. Es nahm niemand ab.

Wenn es bis 22 Uhr nicht klappt, gebe ich auf. Dann steige ich schon heute abend in die Aare. Was soll's? Gerda würde es unserer Tochter schon erklären können.

Die zweite Nummer, die auf dem anderen Zettel stand, probierte ich gar nicht aus. Da fehlte mir der Mut dazu. Denn der Typ, der mir diese Nummer gegeben hatte, hatte mir erzählt, das sei die Telefonnummer einer alleinstehenden Frau mit einem kleinen Jungen.

«Wenger.»
Endlich. Es war mein x-ter Versuch, kurz vor 22 Uhr. Der Wirt war schon ziemlich gereizt, musste er doch jedesmal herkommen, um mir die Linie freizugeben.
«Streit. Guten Abend, Frau Wenger.»
«Ach Sie sind es! Wir kommen gleich. Sie sind jetzt am Bahnhof in Kiesen, ja?»
«Ja.»
«Also, bis gleich.»
Sie legte auf. Ich wunderte mich, dass sie «wir» gesagt hatte. Mein Knastkollege hatte mir lediglich von einer Frau erzählt. Sie benötige dringend etwas Geld. Hatte er mich hereingelegt? Kam die Frau mit der Polizei?
Sie kam mit ihrem Mann. Schnell holte ich meine Kartonschachtel aus dem Gebüsch und setzte mich zu ihnen ins Auto.
Ich kam mir vor wie ein Abenteurer. Dabei hatte ich das Abenteuer nie geliebt. Alles, was gefährlich aussah, mochte ich nicht. Früher, als wir in Grindelwald in unserer Wohnung im Chalet «Montanara» in den Ferien gewesen waren und ich mit dem Fernglas zur Eigernordwand hinübergeschaut und die Kletterer beobachtet hatte, war mir allein vom Zuschauen angst und bange geworden.
Das Ehepaar stritt sich. Herr Wenger wusste offenbar erst seit meinem Anruf, auf was sich seine Frau eingelassen hatte.
«Jetzt holen wir einen Gauner zu uns ins Haus», zischte er zu seiner Frau. Dann wandte er sich mir zu: «Eine Nacht. Nicht länger. Dann müssen Sie gehen.»
«Jetzt reg dich nicht auf», versuchte ihn seine Frau zu beschwichtigen.
«Ich will nichts mit der Polizei zu tun haben!»
«Sie werden keine Probleme mit mir haben», sagte ich freundlich. «Ich bleibe nur eine Nacht. Morgen werde ich spurlos verschwunden sein.»
Er schaute mich prüfend an. Dann lächelte er.
Die Wengers wohnten in Steffisburg, in einem grossen alten Haus, das ziemlich heruntergekommen war. Gleich daneben war ihr Handwerksbetrieb, der aber geschlossen war, weil sie Kon-

kurs gemacht hatten. Herr Wenger arbeitete jetzt als Vertreter, Frau Wenger als Serviertochter im Bahnhofbuffet Thun.

Wir waren etwa um 23 Uhr zu Hause. Wir sassen am Küchentisch, Frau Wenger kochte Kaffee.

«Weshalb sind Sie denn im Knast gesessen?»

«Ich weiss nicht, ob Sie vielleicht schon von mir gehört haben. Ich bin Hanspeter Streit, der ehemalige Fürsorger von Lengnau.»

«Ach ja, wir haben mal etwas in der Zeitung gelesen.»

«Aber ich bin unschuldig.»

«Unschuldig?»

Frau Wenger stellte die Tassen auf den Tisch und goss Kaffee ein.

«Ach, das ist eine lange Geschichte. Ich möchte Sie nicht damit belästigen, ich bin froh, dass Sie mich wenigstens für diese eine Nacht beherbergen.»

Ich nahm einen Schluck Kaffee. Er war ziemlich fad.

«Nein, erzählen Sie sie uns doch.»

Herr Wenger stand auf, holte eine Schnapsflasche und stellte sie vor mich hin.

«Ich bin so frei.» Ich schenkte mir ein.

«Was wirft man Ihnen denn vor?»

«Betrug. Aber was soll ich denn tun, wenn ich eine Geldquelle habe, auf die andere einfach neidisch sind?»

«Eine Geldquelle?»

Die beiden waren jetzt ganz interessiert. Sie hingen an meinen Lippen.

Ich stützte meine Arme an der Tischkante auf, faltete meine Hände. «Früher arbeitete ich als Fürsorger in Basel. Da lernte ich Herrn Doktor Moser kennen, er war Finanzchef einer grossen Chemiefirma. Eines Tages hatte er einen fürchterlichen Unfall ...»

Ich spulte die ganze Geschichte ab und endete so:

«Das haben die Zeitungen alles geschrieben, mit dem Kommentar, das sei erfunden. Aber das stimmt nicht. Die Polizei kennt diesen Doktor Moser und das Code-System. Aber sie kann es nicht zugeben, weil sie Angst hat, dass die Leute sie bestürmen würden, dass Doktor Moser bedroht und erpresst, dass das ganze geheime Code-System zusammenbrechen würde.»

Herr und Frau Wenger nickten stumm.
«Damit das nicht passiert, soll ich als Lügner verurteilt werden. Ein ‹Exempel statuieren› nennen die das.»
«Aber das können die doch nicht machen!»
«Und ob die das machen können! Wenn es um so viel Geld geht, ist alles möglich.»
Wengers bekamen ganz feuchte Augen. Frau Wenger stand auf und goss Kaffee nach. Sie war eine zierliche kleine Frau mit grauen Haaren, die sie zu einem Haarknoten gebunden hatte. Herr Wenger gab die Schnapsflasche nochmals herum.
«Und das mit diesen hohen Zinsen stimmt wirklich?» Er trank den Kaffee und wischte sich mit seiner grossen Hand den Schnauz ab.
«Wenn ich es sage. Nun, es ist an Ihnen. Sie müssen mir nicht glauben. Morgen werden alle Zeitungen wieder voll davon sein. Entweder Sie glauben mir, oder Sie glauben den Zeitungen. Ich habe nichts mehr zu verlieren.»
«Und das funktioniert immer noch?»
«Natürlich.»
Wir redeten noch eine ganze Weile. Wengers begannen auszurechnen, wieviel Geld sie verdienen würden, wenn sie ihr Geld bei mir anlegten.
«Der Peter würde doch sicher auch mitmachen», sagte Frau Wenger.
«Ja, und der Hans von Thun und der ...»
So begannen sie Pläne zu schmieden. Doch ich hatte nicht vor, nochmals in dieses Geschäft einzusteigen, dazu war ich zu müde. Aber ich könnte Zeit gewinnen. Auf diese Weise würden sie mich sicher nicht gleich am nächsten Morgen aus dem Haus jagen. Ich könnte ein paar Tage bleiben, in aller Ruhe Conny schreiben und mich auf meinen Selbstmord vorbereiten.
«Es ist schon spät», sagte ich dann.
«Sie können im ehemaligen Zimmer unserer ältesten Tochter schlafen.»
Wengers hatten drei erwachsene Töchter. Die beiden älteren waren verheiratet, nur die Jüngste schlief manchmal noch bei ihren Eltern.

Als ich ihnen eine gute Nacht wünschte, sagte Herr Wenger: «Ich bin übrigens der Ernst, und das ist Erika, wir können uns doch du sagen.»
«Ich bin der Hanspeter.»
«Ja schon, aber du solltest einen neuen Namen haben, schliesslich bist du auf der Flucht.»
«Ja, das ist richtig!»
«Fritz würde gut zu dir passen», sagte Erika. «Oder Willy. Willys sind so gemütliche Männer.»
«Nein, ich heisse Claudius.» Ich brauchte keine Sekunde zu überlegen.
«Was?»
«Wie kommst du denn auf diesen Namen?»
«So hiess ein Anwalt in Basel, der ... Ach, das spielt keine Rolle. Ich heisse ab heute Claudius Alder.»
Ein neues Spiel begann.
Erika und Ernst rieten mir, ich solle mir neue Papiere beschaffen. Aber davon wollte ich nichts wissen. Ich war kein Krimineller. Um einen Pass-Fälscher aufzutreiben, hätte ich Kontakte zur Unterwelt knüpfen müssen. Das war mir zutiefst zuwider.
Und ein Selbstmörder braucht keinen falschen Pass.
Am nächsten Morgen gingen Erika und Ernst früh zur Arbeit. Ich solle keine Dummheiten anstellen. Vor allem solle ich nicht aus dem Haus, es habe etwas zum Essen im Kühlschrank.
Ich stand auf und wollte endlich den Brief an Conny schreiben. Aber im ganzen Haus fand ich weder Briefpapier, Marken, noch eine Schreibmaschine. Ich schrieb meine Briefe, wenn immer es ging, auf einer Maschine. Ich fühlte mich sicherer, konnte mich besser auf den Inhalt konzentrieren.
Ich warf einen Blick in den Kühlschrank. Von Essen konnte keine Rede sein, nur ein halbverschimmelter Fleischkäse lag darin.
Ich ging ins Badezimmer und rasierte mir den Bart ab. Es war ein komisches Gefühl. Wie lange hatte ich einen Bart getragen? Zehn, fünfzehn, zwanzig Jahre? Ich hatte mich noch nie richtig rasiert.
Das Gesicht, das mir aus dem Spiegel entgegenschaute, kannte

ich selbst nicht mehr. So konnte ich mich ruhig auf die Strasse wagen.
Ich ging hinaus, humpelte mit meinem verletzten Fuss bis zum nächsten Restaurant, kehrte ein und ass etwas. Dann schaute ich kurz an einem Kiosk vorbei. Über meine Flucht wurde in keiner Zeitung etwas geschrieben. Das wunderte mich. Ich ging weiter, kaufte Briefpapier und Marken.
Als Wengers nach Hause kamen, bemerkten sie natürlich, dass ich meinen Bart abrasiert hatte. Ich müsse auch eine neue Frisur haben und andere Kleider anziehen, meinten sie. Ernst ging sofort zu seinem Schrank und holte mir ein Veston und Hosen. Dann musste ich nochmals die ganze Doktor-Moser-Geschichte erzählen und ihnen garantieren, dass ich sie nicht anlog, denn sie hätten ein paar Leute, die sich dafür interessierten.
Am nächsten Tag schleppte mich Ernst zu einem Coiffeur, der mir eine Dauerwelle verpasste. Anschliessend gingen wir Schuhe einkaufen, ich trug immer noch meine Turnschuhe aus der Anstalt. Mein Fuss und mein Bein taten zwar noch weh, aber es sah jetzt so aus, als würde die Verletzung heilen.
Ich wohnte schon ein paar Tage bei den Wengers, als die Zeitungen doch noch über meinen Ausbruch berichteten. «Jeder kann aus Witzwil flüchten, wenn er wirklich will», wurde ein Polizeisprecher zitiert. Die eingeleitete Fahndung sei erfolglos geblieben, wahrscheinlich habe ich mich ins Ausland abgesetzt. Dann wurde der ganze Fall nochmals aufgerollt. Auch mein Bild war überall abgedruckt. Aber diesem Hanspeter Streit glich ich wirklich nicht mehr. Ohne Bart, dafür mit Dauerwelle, war ich jetzt definitiv Claudius Alder.
Den Zeitungsberichten konnte ich entnehmen, dass meine Gerichtsverhandlung im Dezember hätte stattfinden sollen, der Prozess sei für dann «anberaumt» gewesen, wurde da in Beamtendeutsch geschrieben, «in Anbetracht des Deliktumfangs jedoch auf nächstes Jahr verschoben».
Noch einmal musste ich den Wengers versichern, dass meine Version und nicht diejenige der Zeitungen stimme.
«Aber ihr müsst mir nicht glauben, schliesslich bin ich ein Knasti auf der Kurve.» Ich sprach absichtlich im Gefängnisjargon und

tat ziemlich beleidigt. Sofort entschuldigten sich die Wengers.
«Ich habe euch sowieso schon zu lange belästigt. Ich werde demnächst gehen.»
Ich wollte weg. Es war mir in diesem Haus nicht wohl. Ich fühlte mich nicht frei, ich fühlte mich eingeengt und beobachtet. Da hätte ich gleich im Gefängnis bleiben können. Und diese ewige Fragerei nach der Doktor-Moser-Geschichte! Ich hatte erreicht, was ich wollte, die Wengers hatten mich nicht rausgeworfen, ich hatte noch eine kurze Gnadenfrist erhalten.
Dass sie mir 70'000 Franken auf den Tisch blätterten mit der Bemerkung, das sei die erste Anlage für Doktor Moser, damit hatte ich nun wirklich nicht gerechnet.
Ich war sprachlos. So blöd konnten die Leute doch gar nicht sein! Dass sie mir glaubten, konnte ich noch einigermassen begreifen, ich hatte mich daran gewöhnt, dass man mir die verrücktesten Geschichten abkaufte. Aber dass sie mir Geld gaben! Das war zuviel.
Ich nahm die 70'000 Franken. Noch ein paar schöne Tage, vielleicht ein tolles Geschenk für Conny ... warum nicht? Die Gnadenfrist wurde nochmals verlängert. Aber dann wollte ich endlich zur Tat schreiten, dann musste ich mich töten. Ich hatte mir bereits eine geeignete Stelle an der Aare vorgemerkt, ein Stein war einfach aufzutreiben, und einen reissfesten Gurt hatte ich auch.
Meine letzten Tage wollte ich nicht bei den Wengers verbringen. Einerseits waren sie froh darüber, weil sie doch Angst vor der Polizei hatten. Andererseits wollten sie, dass ich bei ihnen in der Nähe blieb. Ich fragte Ernst, ob ich das Telefon kurz benützen dürfe, holte den zweiten Zettel hervor und stellte die Nummer ein.
Die Frau am anderen Ende der Linie hatte eine ruhige, freundliche Stimme. Sie irritierte mich.
«Hier ist Alder. Ich habe Ihre Nummer von jemandem, den Sie gut kennen.» Ich erzählte nicht, dass das eine Knastbekanntschaft war, sondern dass wir früher geschäftlich miteinander zu tun gehabt hatten.
«Oh, ich kann mir vorstellen, von wem Sie meine Nummer

haben. Deshalb kann das bestimmt nichts Gutes bedeuten.» Sie blieb trotzdem freundlich.
Ich hatte Angst, dass sie gleich auflegen würde.
«Er hat mir erzählt, Sie hätten einen kleinen Jungen.»
«Soso, das hat er erzählt.»
«Ich möchte Sie nicht belästigen, aber könnten wir uns nicht mal treffen?»
Sie wollte nicht. Ich musste alle Register meiner Überredungskunst ziehen und meinen ganzen Charme spielen lassen.
«Nein, es interessiert mich nicht. Ich habe keine Zeit. Ich arbeite im Service. Mein Bub wohnt bei einer Pflegefamilie. Da ich heute frei habe, ist er bei mir. Da möchte ich nichts abmachen.»
«Ich habe Kinder sehr gerne. Ich mache Ihnen einen Vorschlag: Wie wäre es, wenn ich jetzt gleich mit einem Freund vorbeikäme und Sie und Ihren Buben zum Nachtessen einladen würde? Ganz unverbindlich. Sie können dann immer noch sagen, dass Sie nichts mit mir zu tun haben wollen.»
Sie überlegte lange. Es kam mir wie eine Ewigkeit vor.
«Na gut ... Aber ganz unverbindlich. Ich verspreche Ihnen nichts.»
Sie gab ihre Adresse. Fünf Minuten später sass ich mit Ernst im Auto.
Auf dem ganzen Weg versuchte ich mir vorzustellen, was das für eine Frau sein musste. Ihre Stimme ging mir nicht mehr aus dem Kopf.

7.

Die Fahrt dauerte etwa eine halbe Stunde. Wir sprachen kein Wort. Ich war nervös.
Die Frau hiess Ursula Rolli und wohnte an der Grossackerstrasse 2 in Bümpliz, einem Vorort von Bern. Wir hatten keine Probleme, die Adresse zu finden. Frau Rolli hatte es gut beschrieben. Gleich vis-à-vis sei der Friedhof, hatte sie gesagt. Darauf hatte ich gewitzelt, Friedhöfe finde man immer. Gelacht hatte sie nicht, und auch ich fand den Spruch im nachhinein nicht besonders originell.
An der Grossackerstrasse stehen mehrere zweistöckige Reihenhäuser. Sie sehen alle gleich aus, bloss die Fensterläden sind in verschiedenen Farben gestrichen. Das Haus Nummer 2 steht am nächsten beim Friedhof.
Wir parkten, stiegen aus und läuteten bei «Rolli».
Es kam mir wie eine Ewigkeit vor, bis die Türe geöffnet wurde, von einem kleinen Jungen mit hellblonden Haaren und grossen braunen Augen.
Ich beugte mich zu ihm hinunter.
«Ja, hallo, wie heisst du?»
«Ich bin der Martin!»
«Ich bin Claudius. Und das ist der Ernst. Wir haben vorher ...»
«Mami, Mamiii, sie sind da!» Martin liess mich nicht ausreden.
«Ich komme ja.» Ihre Stimme! Ich fuhr mit der Hand kurz durch meine falschen Locken, atmete tief ein und versuchte meine Nervosität zu unterdrücken. Verdammt, was ist los mit mir, dachte ich. Zu verlieren hatte ich nichts mehr, ich wollte nur noch ein paar Tage an einem Ort sein, an dem ich mich einigermassen wohl fühlte, damit ich meinen Selbstmord in aller Ruhe vorbereiten konnte. Ich hatte schon genügend Situationen erlebt, in denen ich allen Grund zur Nervosität gehabt hätte und ganz gefasst geblieben war. Aber jetzt!
Es war schon dunkel. Ein kalter Novemberabend. Ein leichter Wind blies.

Da tauchte sie aus dem Halbdunkel des Treppenhauses auf. Sie war ziemlich gross und sehr schlank. Die Lampe des Eingangs erhellte ihr Gesicht. Ein schönes Gesicht. Sie trug eine Brille. Mehr konnte ich nicht wahrnehmen, ich war zu nervös.
«Ich bin Claudius Alder, Sie sind sicher Frau Rolli.»
«Ja.»
Schweigen.
«... und das ist Herr Wenger, mein Kollege, ich habe Ihnen ja gesagt, wir kommen zu zweit, das ist nun der andere Herr, von dem ich ... jetzt sind wir ...» Ich sprach viel zu schnell, verhaspelte mich und stotterte. Reiss dich zusammen.
«Nun, ich habe Ihnen ja erzählt, ich möchte Sie gerne einladen, wo Sie möchten, ich kenne mich hier nicht besonders gut aus, Sie wissen ja, ich bin nicht von hier, und da weiss man halt nicht so Bescheid ... Ich habe keine Ahnung ... vielleicht irgendwo, wo wir ein bisschen ungestört reden können ... ich meine, ich möchte Sie nicht ...»
«Wir könnten doch in den ‹Jäger›.»
Ernst erlöste uns zum Glück von meinem Gelaber.
Frau Rolli war einverstanden, und ich sagte, dass wir hier im Eingang warten würden, damit sie ihren Mantel holen könne. Martin sprang voraus und schrie:
«Mami, jetzt gehen wir auswärts essen, jetzt gehen wir auswärts essen!»
Der «Jäger» war kein schönes Lokal, es war ziemlich miefig. Die Stühle waren mit Plastikleder überzogen, und über den Tischen hingen schwulstige, verstaubte Lampen. Ernst sagte aber, das Essen sei ausgezeichnet. Wir bestellten Wild. Martin wollte Pommes frites.
Er war vier Jahre alt. Frau Rolli erzählte, dass sie mit ihm nicht oft ins Restaurant gehen könne, weil sie dafür zu wenig Geld verdiene. Und überhaupt, sie habe ihn nur einmal in der Woche bei sich, er wohne sonst bei einer Pflegefamilie. Die paarmal, die sie mit ihm zusammen sei, möchte sie ausnützen und etwas mit ihm unternehmen.
«Was macht ihr denn so?» fragte ich Martin.
«Wir gehen Züge anschauen.»

«Züge?»
«Ja, zum Bahnhof, da hat es ganz viele.»
«Und deine Mutter, schaut sie sich auch gerne Züge an?»
«Ja. Wir kaufen am Kiosk ein Schoggistengeli, sitzen auf eine Bank und schauen die Züge an.»
Frau Rolli sagte nicht viel. Ab und zu strich sie ihrem Jungen über den blonden Schopf und lächelte. Sie hatte ein freundliches, ehrliches Lächeln. Das nahm ich jetzt endlich wahr. Wenn sie sprach oder lachte, bog sich ihre spitze Nase ein wenig nach unten. Das sah süss aus.
Das Essen kam, und Ernst betonte nochmals, dass es uns ausgezeichnet schmecken würde. Martin bekam die Pommes frites. Seine Mutter legte ihm die Serviette um den Hals und ermahnte ihn, schön zu essen. Ich sass ihm gegenüber und stibitzte ihm gleich ein Pommes frite. Er lachte und zog den Teller ganz nah zu sich.
«Das kannst du gar nicht alles essen», behauptete ich.
«Doch doch. Und dann will ich noch ein Dessert.»
«Jetzt iss zuerst einmal das», sagte Frau Rolli.
«Natürlich kannst du ein Dessert haben. Aber dann musst du das alles aufessen, wie deine Mutter gesagt hat.»
«Jaja, das mag ich schon.»
Ich bestellte Ketchup.
«Damit ist es noch besser.» Ich nahm ihm nochmals ein Pommes frite und tauchte es in die Sauce. Sofort machte er es nach.
«Ich will mehr!»
Wir lachten.
Ich hatte mich ein bisschen beruhigt. Martin war ein lieber Junge. Zum Glück war er dabei, er entspannte die Situation. Über mein Anliegen hatte ich noch kein Wort gesagt. Sobald wir mit essen fertig wären, würde ich endlich sagen, was ich wollte.
«Habe ich zuviel versprochen, Frau Rolli, das Essen ist doch gut, oder?» Ernst versuchte die Diskussion wieder anzukurbeln.
«Ja, es ist ausgezeichnet.»
«Und wie schmeckt es dir, Claudius?»
Claudius?
Ernst gab mir unter dem Tisch einen leichten Stoss.

«Oh ja», sagte ich schnell, «es ist wirklich ausgezeichnet. Entschuldige, ich habe gerade etwas studiert.»
«Worüber hast du gegrübelt?»
Ernst wollte mir auf die Sprünge helfen. Ich schaute Frau Rolli an und wollte endlich ... Aber ich konnte nicht.
Wir assen schweigend zu Ende, dann stand Martin auf, ging zum Ausgang und drückte auf den Tasten des Zigarettenautomaten herum. Er kam zurück und fragte, was das sei.
«Da kann man Zigaretten herauslassen», erklärte seine Mutter.
«Willst du einmal probieren?» fragte ich ihn.
«Au ja!»
«Martin, du solltest Herrn Alder endlich in Ruhe lassen.»
«Ist schon in Ordnung. Na komm.»
Ich stand auf und ging mit ihm zum Automaten, gab ihm Geld und erklärte ihm, was er damit machen musste. Er hatte eine riesige Freude, ein solches Zauberding hatte er noch nie gesehen. Er konnte tatsächlich ein Päckchen herauslassen. Ich liess ihn noch ein bisschen alleine weiterspielen, ging zurück an den Tisch und schob meinen Teller von mir weg. Alles hatte ich nicht aufgegessen, was mich wunderte, ich war sonst ein guter Esser. Dann stützte ich meine Arme an der Tischkante auf und begann zu reden.
«Also, Frau Rolli, es ist schön von Ihnen, das Sie mir eine Chance geben, Ihnen zu erklären, um was es geht. Ich suche ...»
Ich stockte und schaute ihr in die Augen. Sie blickte schnell auf den Tisch hinunter. Diese Augen! Sie waren wunderschön. Ich fuhr mir wieder durch die Haare, verschränkte die Arme und fing nochmals an.
«Also, ich suche, ich suche einen Ort, wo ... wissen Sie, ich bin Geschäftsmann, reise ziemlich viel, habe hier in der Gegend ein paar Wochen zu tun ... und ich habe einfach ... ich habe das Hotelleben satt, und da habe ich gedacht ...»
«Das habe ich herausgelassen.» Martin präsentierte stolz die Zigaretten. «Ich will noch mehr herauslassen.»
«Martin, jetzt hör auf», sagte Frau Rolli energisch. «Wir rauchen keine Zigaretten.»
«Aber ich will!»

Ich gab ihm noch ein paar Münzen. «Aber das sind die letzten. Dann musst du deiner Mutter gehorchen.» Er nahm sie und spurtete davon.
«Also, ich wollte Sie fragen, ob ich mich nicht ein paar Tage bei Ihnen einmieten darf. Ich brauche nicht viel. Nur ein Bett und eine Schreibmaschine, damit ich meine Geschäfte erledigen kann. Ich helfe Ihnen selbstverständlich auch im Haushalt. Ich kann abwaschen oder staubsaugen oder was Sie …»
Einen solchen Mist hatte ich noch nie erzählt, und ich hatte weiss Gott schon viel Mist erzählt. Ich war wieder nervös, ich zitterte.
«Eine Schreibmaschine hätte ich schon …»
«Das ist sehr gut. Ich werde natürlich nur am Tag darauf schreiben. Wegen dem Lärm müssen Sie keine Angst haben.» Etwas Blöderes wäre mir nicht eingefallen.
«Handeln Sie denn auch mit Pferden?» fragte Frau Rolli.
«Mit Pferden?» Ich war perplex.
«Ja, der Mann, der Ihnen meine Adresse gegeben hat, handelt doch mit Pferden.»
«Ach so, davon hat er mir nichts erzählt. Nein, nein, ich handle nicht mit Pferden. Ich kenne ihn von früher, wir waren damals, eh, wir waren zusammen im Militärdienst.» Ich wusste nichts von meinem Knastkumpel. Hoffentlich war er im Militär!
Frau Rolli sagte nur «Aha».
Martin kam wieder an den Tisch. Sie sagte ihm, er solle jetzt endlich hierbleiben.
«Wissen Sie, Frau Rolli, lassen Sie es uns doch einfach ausprobieren. Wenn es Ihnen nach ein paar Tagen nicht passt, dass ich bei Ihnen bin, kann ich immer noch ins Hotel ziehen.»
Sie zögerte. Und ich ärgerte mich. So dilettantisch hatte ich mich noch nie angestellt, dabei wollte ich ihr gar nichts andrehen oder sie sonst irgendwie anlügen, ich wollte lediglich ein paar Tage bei ihr wohnen.
«Ich habe das noch nie gemacht, Herr Alder.»
«Sie brauchen wirklich keine Angst zu haben, ich …»
«Sie sehen so vertrauenswürdig aus. Sie haben so treue Augen, eine sanfte Stimme, und Sie haben irgendwie etwas Väterliches an sich. Ich glaube Ihnen.»

Und nach einer Weile sagte sie: «Wir könnten es ja versuchen.»
«Wirklich? Sie wissen gar nicht, wie froh ich bin.»
Der Wind liess die Fenster erzittern. Aus dem leichten Wind war ein heftiger Herbststurm geworden.
«Aber Sie müssen mir versprechen, Sie dürfen mich nicht, na Sie wissen schon, ich könnte es einfach nicht mehr ertragen, wenn mich jemand benutzen würde, mich betrügen, mich anlügen würde, zu viel ist einfach schon passiert ...»
«Machen Sie sich keine Sorgen, Frau Rolli. Ich verspreche Ihnen das.»
«Kommst du jetzt zu uns?» fragte Martin und schaute mich mit seinen braunen Augen strahlend an.

Es war etwas geschehen. Ich wusste zwar nicht genau was, aber nichts war mehr so, wie es einmal gewesen war. Ich erlebte ganz neue Gefühle.
Ernst fuhr schnell. Auf der Strasse lagen nasse Blätter, starker Wind blies; Ernst hatte Mühe, das Auto in der Spur zu halten.
«Ist toll gelaufen, Claudius!»
«Ach hör auf.»
«Wieso nicht? Morgen kannst du bei ihr einziehen. Das ist doch das, was du wolltest.»
«Jaja.»
Ich hatte mit Ursula Rolli tatsächlich abgemacht, dass ich am nächsten Tag bei ihr einziehen würde. So gegen 18 Uhr, hatte sie gesagt.
«Und du bist nicht einmal weit weg von uns, wir werden uns jederzeit besuchen können. Die Geschäfte werden weitergehen.»
«Jaja, die Geschäfte werden weitergehen.»
Er bog auf die Autobahn ein. Sie war leer. Ich wollte nicht reden. Ernst kapierte das und schwieg während dem Rest der Fahrt.
Meine sanfte Stimme, meine treuen Augen, meine Väterlichkeit ...
Was interessierten mich diese Geschäfte! Was kümmerte mich das ganze Geld! Jetzt, wo ich diese Frau ... Sie kannte mich erst zwei Stunden, und sie durchschaute mich.

Meine Stimme, meine Augen, meine Väterlichkeit. Sie hatte das einfach so gesagt.
Genau das war es, was an mir so überzeugend wirkte. Ich hatte oft darüber nachgedacht, warum mir die Leute, vor allem die Frauen, glaubten, mir so blind vertrauten. Diese Frau sagte es mir einfach ins Gesicht, obwohl sie mich noch gar nicht richtig kennengelernt hatte.
Früher, als ich ein Junge gewesen war, vierzehn, fünfzehn Jahre alt, da hatte ich mir abends im Bett vorgestellt, wie meine Frau einmal aussehen würde, wie sie sein würde. Ich hatte unter meiner Stiefmutter gelitten und mir vorgenommen, alles anders und alles besser zu machen. Ich hatte geträumt, dass ich mit meiner Frau in Harmonie leben würde, dass wir nicht streiten, uns nicht demütigen würden, dass unsere Kinder glücklich sein dürften. Von einer guten, starken, ruhigen und zärtlichen Frau hatte ich geträumt.
Ich musste 37 Jahre alt werden, um diese Frau zu treffen. Wir kannten uns noch überhaupt nicht, aber ich wusste: Das ist sie. Sie sah nicht so aus wie in meinen jugendlichen Träumen, aber sie gefiel mir. Und vor allem hatte sie all die Gutmütigkeit, die Sanftheit, die Ruhe, die ich mir so sehnlichst gewünscht hatte.
Um diese Frau zu finden, hatte ich ein irres Leben führen und an den absoluten Tiefpunkt gelangen müssen. Ich hatte mich umbringen wollen; doch jetzt wollte ich leben. Leben! Ich wollte leben. Nur das.
Leben.
Befreit von allen Lügen. Befreit von allen Spielen. Ines, Beatrice, wie hatte ich mit ihnen gespielt! Ich kam mir so mies vor. Ich hatte sie missbraucht. Wofür? Für ein bisschen Spass. War es Spass? Hatte es mir je Spass gemacht? Ich hatte mich treiben lassen. Ich hatte meine eigenen Fähigkeiten missbraucht. Ich konnte wirklich gut reden und zuhören. Ich war ein guter Fürsorger und Sozialarbeiter gewesen. Aber warum war ich nicht damit zufrieden gewesen, anderen Menschen zu helfen? Warum hatte ich das Gefühl gehabt, dass ich von allen Menschen geliebt werden musste? Warum hatte ich mein Ansehen erkaufen müssen?

Ines und Beatrice hatte ich nur angelogen. Dabei wäre das alles nicht nötig gewesen, sie hätten mich auch so geliebt, so wie ich war, wie ich wirklich war. Ich war kein schlechter Mensch. Nur was ich aus mir gemacht hatte, war schlecht. Und dafür schämte ich mich jetzt.
Meine sanfte Stimme, meine treuen Augen, meine Väterlichkeit ...
Die Autobahn war schnurgerade. Ernst fuhr mit Vollgas.
Ich wollte leben. Aber war es jetzt nicht zu spät dafür? Diese Frau. Ihr Bub. Was sollte ich tun? Wieder mit zwei Menschen spielen? Wieder zwei Menschen unglücklich machen? Was hätte ich davon?
Ich konnte die Gedanken nicht mehr ordnen. Warum hatte ich diese Frau nicht früher kennenlernen können? Alles wäre anders geworden. Sie hätte mich nicht so treiben lassen, sie hätte mich aufgefangen. Gott, warum hatte ich soviel Scheisse gebaut? Konnte ich das je wiedergutmachen?
Würde Ernst jetzt in die Leitplanke fahren, es wäre mir gleichgültig!
Nein. Nein, nur das nicht.
Leben. Aber nicht mehr wie bisher. Nie mehr. Raus aus dieser Spirale. Nicht mehr lügen. Ich sage dieser Frau alles. Alles? Unmöglich, die wirft mich in hohem Bogen gleich zum Haus hinaus. Mit Recht! Ich würde es nicht anders machen.
Als wir zu Hause ankamen, war mir schlecht und schwindlig, ich ging gleich ins Bett. Ich tat lange kein Auge zu. Drehte mich immer wieder, stand auf, tigerte in meinem Zimmer herum, ging zurück ins Bett. Legte mich auf den Rücken, hörte dem Wind zu. Später fing es an zu regnen.
Meine sanfte Stimme, meine treuen Augen, meine Väterlichkeit ...
Irgendwann in dieser Nacht presste ich ganz fest meine Hände zusammen, schloss die Augen und flüsterte:
«Gott, wenn es noch irgendeine Chance gibt, eine einzige, winzige Chance, damit ich etwas von dem wiedergutmachen kann, was ich alles angerichtet habe, dann gib sie mir. Bitte. Ich will beweisen, dass ich für andere Menschen da sein kann, ehrlich

und ohne Hintergedanken. Ich will nur ein bisschen Freude und Glück spenden. Nochmals anfangen. Ich weiss, das ist unmöglich. Aber ich bin nicht schlecht. Ich bin kein notorischer Lügner und Betrüger, ich werde es schaffen. Gott hilf mir dabei. Bitte.»
Der Regen prasselte gegen die Scheiben.
Meine sanfte Stimme, meine treuen Augen, meine Väterlichkeit …

Es war Sonntag, der 18. November 1984 kurz nach 18 Uhr, und ich stand mit meinen paar Habseligkeiten an der Grossackerstrasse 2 in Bern-Bümpliz. Mein Herz hämmerte. Viel hatte ich nicht dabei. In der linken Hand hielt ich eine verschnürte Kartonschachtel, in der ich frische Unterwäsche, meine letzte Tabakpfeife und ein Couvert mit rund 70'000 Franken verstaut hatte. In der rechten Hand trug ich ein grösseres Paket, ein Feuerwehrauto, das laut aufheulen und sogar Wasser spritzen konnte. Ich hatte dieses Feuerwehrauto an der Autobahnraststätte Münsingen für Martin gekauft. Eigentlich wollte ich auch seiner Mutter etwas mitbringen, aber ich wusste nicht was, ich kannte sie noch zu wenig, und ich wollte nichts falsch machen.
Sie öffnete die Tür, wir begrüssten uns und stiegen die Treppe hinauf zu ihrer Wohnung. Ich gab ihr das Paket mit dem Feuerwehrauto, sie öffnete es und erklärte, dass Martin nicht hier sei, seine Pflegeeltern hätten ihn bereits abgeholt, aber er werde sich auch nächste Woche darüber freuen.
Die Wohnung war sehr armselig eingerichtet. Ein paar knarrende Holzstühle, alte Harassen standen auf dem Kopf und dienten als kleine Tischchen, im Schlafzimmer war kein Bett, nur eine Matratze lag auf dem Fussboden. In einem anderen Zimmer stand eine Schreibmaschine auf einem wackligen Tisch, daneben ein Bett, das heisst, auch hier lag einfach eine Matratze am Boden. Die ganze Wohnung wurde von einem Duft erfüllt, der mir angenehm auffiel und der dieser «Brockenstube» Leben einhauchte. Wir gingen in die Küche, die sauber und aufgeräumt war wie alle anderen Zimmer auch, setzten uns auf die Taburettli am Küchentisch und versuchten miteinander zu reden.

«Hier bin ich also», begann ich vorsichtig. Meine Stimme zitterte, hatte ein eigenartiges Vibrato, was mich irritierte und mich noch nervöser machte.
«Ja, ich bin gespannt, was daraus wird.»
«Ich hoffe nichts Schlechtes. Ich werde Ihnen nicht im Weg sein, Sie müssen mir einfach sagen, was ich im Haushalt erledigen kann, ich will Sie nicht ausnutzen, das habe ich ja schon gestern gesagt …»
«Ach, viel gibt es ja nicht zu erledigen. Das wird schon irgendwie gehen.»
Sie stand auf, holte eine Rotweinflasche und zwei Gläser.
«Das ist doch nicht nötig, Frau Rolli, wirklich nicht.»
«Warum denn nicht, als Begrüssung!»
«Na gut, aber dann lassen Sie mich wenigstens die Flasche öffnen.»
Sie gab mir den Korkenzieher, und ich machte mich an der Flasche zu schaffen. Ich musste dreimal ansetzen, durchbohrte den Zapfen ziemlich schief, probierte ihn trotzdem herauszuziehen, erfasste aber nur die Hälfte, musste nochmals von vorne anfangen, hätte dabei schier die andere Hälfte des Zapfens in den Wein gestossen, konnte sie aber gerade noch retten, holte sie heraus und musste mit dem Finger noch die allerletzten Reste aus dem Flaschenhals angeln.
Frau Rolli hatte in dieser Zeit eine Kerze geholt und sie angezündet. Ich bemerkte, dass sie mich ansah und lächelte. Dabei wurde ihre spitze Nase wieder ein bisschen nach unten gekrümmt. Auch ich musste jetzt lachen.
«Es tut mir leid …»
Sie sagte nichts, und ich schenkte ein. Wir prosteten einander zu.
«Auf dass wir gut miteinander auskommen.»
«Zum Wohl, Herr Alder.»
Wir tranken einen Schluck, dann schwiegen wir. Das war mir peinlich. Ich wollte etwas fragen, wollte wissen, was das für eine Frau war, aber ich getraute mich nicht.
«Ich habe so etwas wirklich noch nie getan, Herr Alder, das kann ich Ihnen sagen. Und ich weiss nicht, weshalb ich es eigentlich tue. Wissen Sie, ich lebe schon ziemlich lange alleine, und ich bin

zufrieden damit. Ich bin jetzt 30, habe schon genügend mit Männern erlebt, da bin ich lieber alleine.»
Ich staunte, wie ruhig sie war. Jedes Wort, jeder Satz klang wohlüberlegt.
Sie erzählte, dass der Vater von Martin sich aus dem Staub gemacht habe, dass sie Konkurs gegangen sei und deshalb alles verloren habe. Dass sie deswegen servieren müsse und Martin bei einer Pflegefamilie lebe.
«Er hat es gut dort, das weiss ich. Trotzdem tut es mir weh. Ich liebe mein Kind.»
«Das kann ich verstehen. Die Kinder gehören zu ihren Eltern.»
«Ja, deshalb komme ich mir auch oft schlecht vor, wie eine Rabenmutter, die sich nicht um ihre Kleinen kümmert ...»
«Aber Frau Rolli, dafür können Sie doch nichts.»
«Ja schon, trotzdem mache ich mir manchmal Vorwürfe.»
«Aber das dürfen Sie nicht, wirklich nicht.»
Sie wandte sich von mir ab, starrte auf den Küchenboden. Ich sah, wie ihr Tränen in die Augen schossen.
«Wissen Sie, Frau Rolli, mir geht es ganz ähnlich. Auch ich habe ein Kind, das ich schrecklich vermisse. Ich kann meine Tochter nicht einmal besuchen, nicht mal mit ihr telefonieren oder ihr schreiben, nichts.»
Warum hatte ich das gesagt? Ich durfte ihr doch nichts erzählen, alles konnte mich verraten. Aber ich konnte nicht anders. Ich wollte nicht, dass sie traurig war, ich wollte sie ablenken. Sie durfte nicht weinen, ich hätte mich nicht zurückhalten können, hätte mitgeweint oder wäre aufgestanden und hätte aus Wut ein Glas oder sonst etwas zerschlagen. Diese Frau hatte ein besseres Leben verdient.
«Was haben Sie denn erlebt?» fragte sie schüchtern und drehte sich wieder mir zu.
Ich begann zu erzählen, ich konnte und wollte nicht anders.
Ich erzählte ihr von meiner Jugend, von meiner Zeit in der Heilsarmee, von meiner Heirat mit Gerda, von Conny, von meiner Ausbildung zum Fürsorger. Ich sprach über die Arbeit in Basel, liess auch den Ehebruch nicht aus, den Umzug nach Lengnau, meine Frauengeschichten, meine Geldprobleme. Ich

redete auch über Zürich, über Beatrice, über Ines, sagte ihr, das sei alles vorbei, ich habe damit endgültig abgeschlossen.
Sie hörte mir aufmerksam zu. Es war schon spät. Der Wein war ausgetrunken, die Kerze niedergebrannt, die Flamme wehrte sich tapfer gegen das Ersticken.
Wir schauten uns tief in Augen. Dann fragte sie:
«Aber warum dürfen Sie denn Conny nicht mehr sehen?»
Ich überlegte keine Sekunde.
«Ich bin auf der Flucht. Ich bin aus der Strafanstalt Witzwil geflohen.»

Sie reagierte nicht.
Ich überlegte lange, was ich sagen sollte. Ich lehnte mich zurück, schaute in die flackernde Kerze, dann stützte ich meine Arme an der Tischkante auf und faltete meine Hände.
«Ich bin das Opfer eines Justizirrtums.»
Sie reagierte immer noch nicht, schaute mich einfach an.
«Es fällt Ihnen sicher schwer, mir zu glauben, Frau Rolli.»
Warum, um Himmelswillen, sagte sie denn nichts?
«Ich erkläre Ihnen das und bitte Sie, mir einfach zu glauben, obwohl es unglaublich tönt.»
Ich erzählte die Doktor-Moser-Geschichte. Ich erzählte sie so, wie ich sie immer erzählt hatte. Chemie Schweiz AG, Doktor Moser, Unfall, ich habe ihn vor dem Knast gerettet, er schenkt mir aus Dankbarkeit einen geheimen Code …
«Wissen Sie, Frau Rolli, ein solcher Code muss unbedingt geheim bleiben. Deshalb müssen Polizei und Staatsanwaltschaft leugnen, dass es ihn gibt, deswegen müssen sie mich verurteilen und mich zum Lügner stempeln. Nur so kann das System weiterfunktionieren.»
Ich erzählte etwa den gleichen Unfug, den ich schon den Wengers unter die Nase gerieben hatte.
Frau Rolli sagte nur, dass sie jetzt sehr müde sei und ins Bett möchte. Wir standen auf und räumten die Gläser weg. Dabei berührten wir uns zufällig.
Ich wusste, dass ich diese Frau liebte.

Ich liebte sie so, wie ich noch nie jemanden geliebt hatte. Ich wusste, dass ich immer mit ihr zusammen sein, dass ich mit ihr alt werden, dass ich mit ihr eine Familie haben wollte. Aber das konnte ich ihr nicht sagen. Dazu kannten wir uns noch viel zu wenig, eigentlich kannten wir uns ja erst ein paar Stunden. Trotzdem war alles so vertraut, und ich hatte das Gefühl, dass wir schon eine Ewigkeit zusammen waren.
Als ich sie anlog, empfand ich zum erstenmal richtigen Schmerz. Aber ich konnte nicht anders. Ich konnte ihr doch nicht die Wahrheit sagen! Was hätte sie mit mir gemacht? Sie hätte mich freundlich, aber bestimmt hinauskomplimentiert, und dann hätte ich mich wirklich in die Aare stürzen können.
Obwohl ich keine Ahnung hatte, was sie für mich empfand, wusste ich: Sie ist meine Frau. Irgend etwas musste sicher auch mit ihr passiert sein. Aber ob das ebenfalls so etwas Grosses war wie bei mir? Vielleicht mochte sie mich einfach, vielleicht hoffte sie sogar, dass ich ein Freund werden könnte. Einer, mit dem sie über alles diskutieren könnte, der nichts von ihr will, nichts von ihr erwartet, sie nicht unter Druck setzt. Vielleicht hatte sie mich aber auch nur aufgenommen, damit sie durch meine Untermiete ihr Gehalt ein wenig aufbessern konnte, damit sie ihrem geliebten Martin mehr bieten konnte, als nur am Bahnhof zu sitzen und Züge anzuschauen.
Selbst wenn sie mich geliebt hätte, schon jetzt, nach wenigen Stunden, wäre unsere Beziehung tief genug gewesen, um mehrere Jahre Trennung zu überstehen? Denn ich zweifelte keinen Moment, dass sie gesagt hätte: Du hast eine Straftat verübt, also musst du dafür büssen. Sie war so ehrlich, so natürlich. Etwas anderes wäre für sie nie in Frage gekommen. Aber hätte sie auf mich gewartet?
Unsere Beziehung musste zuerst gefestigt werden, ich musste diese Frau zuerst für mich gewinnen. Vielleicht würde sie ja tatsächlich auf mich warten, während ich im Gefängnis sass. Dass ich bis an unser Lebensende mit ihr zusammensein würde, dass ich in all den Jahren nie als flüchtiger Sträfling entdeckt würde – nein, so blöd war ich auch wieder nicht, das zu glauben. Da war ich Realist genug. Früher oder später würde alles aus-

kommen, und ich würde in den Bau wandern. Aber dann würde sie vielleicht auf mich warten, und ich hätte endlich die Chance, aus meinem verkorksten Leben doch noch etwas zu machen. Alleine würde ich das sowieso nicht mehr hinkriegen, dazu wäre ich nie und nimmer in der Lage, das hatte ich ja oft genug bewiesen. Gerda, Beatrice und Ines hatten es nicht geschafft, mich auf den richtigen Weg zu bringen, obwohl sie mich geliebt hatten. Ich war von diesen Frauen nicht überzeugt gewesen, ich hatte sie nicht geliebt, oder nicht genug.

Ich musste Ursula Rolli Zeit lassen. Sie war meine letzte Chance. Am nächsten Morgen stand sie sehr früh auf, sie musste zur Arbeit. Zu gestern abend sagte sie kein Wort, sie wünschte mir lediglich einen schönen Tag.

Ich konnte nicht mehr weiterschlafen, obwohl ich normalerweise am Morgen gerne lange liegen bleibe. Ich stand auf, zog mich an und tigerte in der Wohnung herum. Ich setzte mich auf die klapprigen Holzstühle und musste lachen. Dass man so einfach leben kann und dabei zufrieden ist! Auch ich war bescheiden aufgewachsen, und all der Luxus, den ich in Lengnau gehabt hatte, musste nicht unbedingt sein. Aber gleich so primitiv, das hatte etwas mit Lebenskunst zu tun.

Sie verpfeift mich bei der Polizei, schoss es mir plötzlich durch den Kopf. Nein, das war unmöglich, sie hätte mir das vorher gesagt, sie hätte mit mir geredet und erklärt, dass sie mich bei der Polizei melden würde. So ehrlich ist sie, beruhigte ich mich.

Ich stand wieder auf, tigerte in der ganzen Wohnung herum, überlegte, was ich jetzt machen sollte, versuchte aufzuräumen, aber es war schon alles aufgeräumt.

Ich werde es ihr heute abend sagen, dachte ich. Wenn sie nach Hause kommt, werde ich sie bitten, mir einen Moment zuzuhören, dann werde ich ihr sagen, dass ich sie liebe.

Nein, das ging nicht. Sie würde mich doch auslachen! Himmel, ich fühlte mich wie sechzehn, ich war verliebt. Herrlich! Aber ...

Ich werde sie abholen! Ja, genau, ich werde sie abholen. Zum Glück wusste ich, in welchem Café sie arbeitete. Ich werde einfach dort sein.

Ich ging ins Badezimmer, duschte und rasierte mich und fönte

meine falschen Locken. Der Fön knatterte wie ein Rasenmäher und spie Funken. Ich legte das Mordsding beiseite und trocknete meine Haare mit einem Frottiertuch. Ich betrachtete mich im Spiegel und war eigentlich ganz zufrieden mit mir. Langsam konnte ich mich an diesen Claudius Alder gewöhnen, im Grunde war er doch ein ganz sympathischer Kerl.
Seine sanfte Stimme, seine treuen Augen, seine Väterlichkeit...
Ich verliess das Haus, ging am Friedhof vorbei, wusste, dass ich da noch lange nicht enden würde, denn Selbstmord kam jetzt nicht mehr in Frage. Ich schickte den Toten ein breites Lächeln und ging weiter. Ich kam durchs Dorf, merkte mir die Einkaufsläden, ein grosser Coop war da, eine Bäckerei, eine Metzgerei, ein kleiner Käseladen.
Da vorne war das Café «Rotschi». Ich ging quer über die Strasse. Und stand direkt vor dem Polizeiposten. Aber das kümmerte mich nicht besonders, ich war überzeugt, dass mich niemand erkennen würde.
Ich war viel zu früh da. Wartete draussen. Als sie kam, war sie sehr erstaunt.
«Was machen Sie denn da, Herr Alder?»
«Ich hole Sie ab!»
«Wirklich?»
«Ja. Stört es Sie?»
«Nein nein. Es ist nur ungewöhnlich.»
«Ungewöhnlich, warum?»
«Weil mir das noch nie passiert ist.»
«Dass Sie abgeholt werden?»
«Naja, dass mich ein Mann, den ich noch gar nicht recht kenne, abholt!»
«Ich bitte Sie, das glaube ich Ihnen nicht!»
Ich merkte, dass es mir plötzlich viel besser ging. Ich war nicht mehr so nervös. Das Gespräch gestern abend hatte mich beruhigt.
«Ich wollte Sie zum Essen einladen.»
«Ach...»
«Doch, sagen Sie bitte nicht nein.»
«Ich weiss nicht.»
«Ich möchte Sie noch viel besser kennenlernen.»

Sie lächelte verlegen, kramte ein Taschentuch hervor und putzte ihre Brille.
«Aber wir können uns doch auch zu Hause kennenlernen.»
«Ja, natürlich.»
«Ich koche etwas.»
«Wenn Ihnen das lieber ist, ich möchte Ihnen wirklich keine Arbeit, keine Umstände machen.»
«Nein, ich bin einfach lieber zu Hause.»
Das war typisch für sie. Auch ich war am liebsten zu Hause. Wie sehnte ich mich nach einem gemütlichen Zuhause, mit einer Frau, mit Kindern. Ich brauchte weiter nichts. Jetzt nicht mehr. Von der Sucht, von allen geliebt zu werden, war ich geheilt, ich wollte nur noch von ihr geliebt werden, das würde reichen. Ich müsste nicht mehr als falscher Prediger auftreten, als falscher Schriftsteller, als falscher Theologe und Psychologe. Sie müsste mich einfach lieben.
Wir liefen wortlos nebeneinander nach Hause. Wir kamen am Polizeiposten vorbei, ich nahm ihre Hand.
Sie zog sie nicht zurück.

Am darauffolgenden Abend holte ich sie nicht im Café «Rotschi» ab, sondern wartete zu Hause auf sie. Ich wollte nicht verträumt neben ihr herlaufen, womöglich Händchen haltend, sondern mit ihr reden, ihr sagen, was los war. Dass ich sie liebe. Ich hatte mir vorgenommen, sie zu bitten, sich an den Küchentisch zu setzen, ich hätte etwas Wichtiges mit ihr zu besprechen. Ja, so wollte ich anfangen.
Ich war aufgeregt. Ich setzte mich immer wieder an den Tisch, blätterte in einer Illustrierten, konnte mich aber auf keinen Artikel konzentrieren. Manchmal las ich etwas, hatte aber keine Ahnung, worum es überhaupt ging. Meine Gedanken schweiften ab.
Sie kam mit einer grossen Tasche nach Hause und stellte sie auf den Herd.
«Frau Rolli, ich möchte mit …»
«Wer sind Sie eigentlich?» unterbrach sie mich.
Mir lief es kalt den Rücken hinunter.

«Wie meinen Sie das?»
«Ich möchte wissen, wer Sie sind. Claudius Alder? Oder Hanspeter Streit ...?»
«Wer hat Ihnen ...»
«Der Mann, der Ihnen meine Adresse gegeben hat, ist im Café «Rotschi» aufgetaucht. Er wurde heute aus dem Gefängnis entlassen.»
«Ach so, dann wissen Sie ja, wer ich bin.»
«Warum haben Sie mir das nicht gleich gesagt?»
«Sie wissen, dass ich auf der Flucht bin. Da muss ich doch einen anderen Namen tragen.»
«Ja schon. Sie hätten es mir trotzdem von Anfang an sagen können.»
Sie packte ihre Tasche aus und legte Kartoffeln in den Dampfkochtopf. «Gibt es noch mehr, was Sie mir sagen sollten?»
Es gab noch mehr. Dass die Doktor-Moser-Geschichte eine Lüge war!
«Nein. Jetzt wissen Sie alles.»
«Dann ist ja gut.»
Sie war mir nicht böse. Sie war nur ärgerlich, dass ich ihr nicht vertraut hatte.
Ich verliess die Küche und ging ins Kinderzimmer. Ich blätterte in einigen Kinderbüchern, dann beschäftigte ich mich mit dem Feuerwehrauto, das ich für Martin gekauft hatte. Ich fand immer mehr Knöpfe und Hebel, und bald war ich so in die Technik vertieft, dass ich alles andere vergass.
Bis ich plötzlich einen feinen Geruch wahrnahm. Ich stand auf und ging zurück in die Küche.
Ursula Rolli hatte inzwischen die Kartoffeln geschwellt, geschält und in eine Bratpfanne geraffelt.
«Doch, da gibt es noch etwas», sagte ich bestimmt.
«Ja?» Sie drehte sich nicht um, sondern starrte in die Pfanne.
«Ursula, ich liebe dich.»
Jetzt schaute sie mich kurz an, lächelte und wandte sich dann wieder ihren Kartoffeln zu, die in der Pfanne brutzelten und sich langsam zu einer goldgelben Rösti verwandelten. Ich deckte den Tisch.

Die Rösti schmeckte ausgezeichnet. Ich staunte, mit welcher Leichtigkeit sie gekocht hatte, wie sie aus scheinbar nichts ein so köstliches Abendessen zubereitet hatte.
«Deine Rösti ist die beste, die ich je gegessen habe.»
«Du spinnst ja. Das ist nun wirklich etwas vom Einfachsten, das kann doch jeder!»
Vielleicht hatte sie recht. Es war trotzdem die beste Rösti.
«Ich hätte das nie hingekriegt.»
«Doch, das könntest auch du.»
«Täusch dich nicht. Ich kann nicht kochen.»
«Du kannst dafür anderes.»
Wir räumten das Geschirr weg, ich machte den Abwasch, sie trocknete ab. Immer wieder mussten wir lachen. Wir standen in der Küche und kicherten wie kleine Kinder.
Ursula zündete eine Kerze an, wir redeten und redeten. Wir sprachen über Familie und Kinder, wir träumten, schmiedeten Pläne, wir lachten, wir hielten uns an den Händen, und schliesslich spielten wir Eile-mit-Weile.
Die erste Partie konnte ich für mich entscheiden, dann aber verlor sie ihre Hemmungen, begann zu sperren und mich auszutricksen. In den folgenden drei Spielen ging ich sang- und klanglos unter. Sie brachte ihre Spielfiguren ohne Probleme ins Trockene, während ich meistens auf der Strecke blieb oder von ihr gefressen und heimgeschickt wurde. Dann stopfte ich mir eine Pfeife, änderte meine Taktik und spielte ganz gezielt gegen sie. Wo auch immer eine ihrer Figuren auftauchte, war ich sofort zur Stelle und schickte sie zurück an den Start. Ich hatte das nötige Würfelglück und gewann.
Wir begannen unsere Matchs aufzuschreiben. Kurz vor zwei stand es sieben zu fünf für sie. Ich schwor ihr Rache.
Die nächsten Tage und Wochen tanzten wir auf Wolken. Sie ging zur Arbeit, ich blieb zu Hause, schlief aus, wusch das Geschirr ab und brachte die Bude in Ordnung, was nicht viel zu tun gab, dann ging ich einkaufen. Das erste, was ich kaufte, war ein neuer Fön, das zweite ein neuer Fernseher und das dritte ein neues Bügeleisen, denn der Fernsehapparat und das Bügeleisen waren in einem etwa gleich mörderischen Zustand wie der Fön.

Zum Essen holte ich manchmal Fertigmenüs, schob das Zeugs in den Ofen, und wenn sie nach Hause kam, konnte sie nur noch an den gedeckten Tisch sitzen. Meistens aber holte ich sie im Café «Rotschi» ab. Manchmal begleitete ich sie schon am Morgen. Dann sass ich als Gast dort, trank Kaffee und las die Zeitung. Am meisten interessierten mich die Rubriken «Vermischtes» und «Polizeimeldungen». Kein Wort wurde über mich geschrieben. Das beruhigte mich und gab mir die Gewissheit, dass tatsächlich Gras über die Sache wachsen könnte.
Oft sass ich aber einfach da und schaute den Gästen zu. Den alten Frauen, die miteinander redeten, über Frau Müller und Frau Meier, über diese und jene. Dabei tauchten sie ihre Gipfeli in die Kaffeetassen, kleckerten den ganzen Tisch voll, unter den Tischen wuchsen Berge von Brosamen.
Ursula tat mir leid. Sie hatte wirklich etwas Besseres verdient, als diese alten griesgrämigen Weiber zu bedienen. Ich begann ihr abends beim Aufräumen zu helfen. Während sie mit ihrer Chefin abrechnete, holte ich den Staubsauger und räumte das Brosamenschlachtfeld und die angebissenen, zerknautschten und zertretenen Gipfelileichen weg. Anschliessend gingen wir Hand in Hand nach Hause, genossen das Abendessen, gingen früh zu Bett oder spielten Eile-mit-Weile bis tief in die Nacht.
An den Wochenenden kam Martin nach Hause, dann konnten wir alle zusammen etwas unternehmen. Er hatte eine riesige Freude an dem Feuerwehrauto, er spielte fast nur noch damit. Ich kannte sämtliche Funktionen und konnte sie ihm alle erklären.
Da wir immer zu Hause assen und auch unsere Ausflüge sehr bescheiden waren, brauchten wir, ausser für Taxifahrten, praktisch kein Geld. Wir liebten es, an einem Sonntag im Wald spazieren zu gehen, mit Martin Verstecken zu spielen oder um die Wette zu rennen. Wir konnten auf jeden Luxus verzichten, Ursula wollte nichts anderes, und ich fühlte mich wohl und glücklich dabei.
Dem Geld musste ich nicht nachrennen. Ausserdem rannte Ernst schon genug. Immer wieder organisierte er neue Kunden, neue «Anleger», die er auf eigene Faust von der Doktor-Moser-Story überzeugte. Das Geld, das sie ihm gaben, brachte er sofort zu mir,

und ich bezahlte ihm eine anständige Provision. Die «Anleger» selbst kannte ich meistens nicht.
Ursula fragte mich selten, wie meine Geschäfte liefen. Sie zweifelte nie an der Existenz von Doktor Moser. Einmal sagte sie zu mir:
«Ich will mich nicht in deine Geschäfte einmischen, ich verstehe zuwenig davon. Ich vertraue dir. Obwohl ich manchmal fast nicht glauben kann, dass wir ein solches Glück haben.»
«Welches Glück meinst du?» fragte ich sie. «Das Glück, dass wir keine Geldsorgen haben?»
«Ach nein, das ist doch nicht Glück. Das spielt eigentlich keine grosse Rolle. Ich meine das Glück, dass wir uns gefunden haben, dass wir es so gut haben zusammen.»
Das war die schönste Liebeserklärung, die ich je erhalten hatte. Ursula sagte nie «ich liebe dich», sie drückte sich anders aus. Aber jetzt war ich vollkommen überzeugt, dass Ursula meine Frau war, dass wir zwei alles schaffen würden, dass wir auch die Zeit, in der ich ins Gefängnis müsste, überstehen, daran wachsen würden. Denn irgendwann würde das passieren.
Aber nicht jetzt. Noch nicht. Dieses Glück wollte ich zuerst geniessen, so lange wie möglich. Ich war mir sicher, dass man mich nicht entlarven würde, dass mich die Polizei nie finden könnte. Ich würde den Zeitpunkt bestimmen, wann es soweit war.
Noch vor Weihnachten versuchte ich Ursula davon zu überzeugen, dass sie es nicht mehr nötig habe zu arbeiten. Sie wehrte sich dagegen, doch ich beharrte darauf.
«Natürlich wäre es schön, wenn wir den ganzen Tag zusammen sein könnten, Päpu.» Sie nannte mich Päpu, seit wir uns nicht mehr siezten. Sie tat das nicht nur wegen Martin, sondern vor allem wegen meiner väterlichen Art. Ausserdem kamen wir so vor anderen Leuten nie in den Clinch, ob ich nun Hanspeter oder Claudius heisse.
«Aber ich kann die Leute vom Café ‹Rotschi› nicht einfach im Stich lassen», fuhr sie weiter.
«Da musst du dir doch keine Sorgen machen.»
«Wenn sie niemanden finden …»

«Dann gehe ich halt. Aber die werden sicher jemanden finden. Du musst auch mal für dich schauen. Du darfst dich nicht immer um alle andern Leute sorgen. Du darfst auch mal geniessen.»
«Ja, du hast recht.»
Trotzdem zögerte sie noch immer.
«Was ist denn noch?» fragte ich weiter.
«Weisst du, ich will doch nicht finanziell von dir abhängig sein.»
«Was heisst denn hier abhängig? Das Geld gehört uns beiden.»
«Und was mache ich, wenn du eines Tages verschwindest?»
«Traust du mir das wirklich zu?»
«Nein.»
Ich war froh. Ich hätte niemals verschwinden können. Diese Frau konnte ich nicht loslassen, niemals. Da konnte kommen, was wollte, wir würden zusammenbleiben.
Ursula kündigte.
Am Heiligen Abend verlobten wir uns.

Wir hatten einen kleinen Weihnachtsbaum, geschmückt mit ein paar Kerzen und ziemlich alten, schäbigen Kugeln. Aber er war wunderschön. Er war der schönste Weihnachtsbaum, den ich mir vorstellen konnte.
Wir sassen engumschlungen davor, die Kerzen flackerten, es war ganz still. Ich holte die Ringe hervor, wir schauten uns in die Augen und streiften uns gegenseitig die Ringe an die Finger. Wir sprachen kein Wort. Jeder Laut wäre zuviel gewesen. Wir waren die beiden glücklichsten Menschen.
Am 25. Dezember kam Martin, und wir feierten Weihnachten wie eine richtige Familie. Später kam Ursulas Vater dazu, und wir erzählten ihm, dass wir uns verlobt hatten. Ich dachte, ich lasse Vater und Tochter für eine Weile alleine, Martin spielte in seinem Zimmer; ich verzog mich ins Badezimmer und duschte mich. Das Badezimmer war der einzige Ort, wo man sich in dieser Wohnung zurückziehen konnte, um allein zu sein. Die Türe war nicht ganz verschlossen, deshalb bekam ich, als ich mich abtrocknete, trotzdem einen Teil des Gesprächs mit.
«Du meinst es ernst?» Seine Stimme zitterte ein bisschen. Viel-

leicht weil er nervös war, vielleicht war es eine Alterserscheinung.
Ursulas Vater war schon ein ziemlich alter Mann. Alt, aber nicht verbittert. Ursula hatte viel von ihm, vor allem seine Ruhe, seine unendliche Ruhe. Er lebte schon lange alleine. Seine Frau, Ursulas Mutter, hatte sich umgebracht. Die Gründe dafür hatte man nie so richtig erfahren. Jedenfalls hatte er für seine drei Mädchen, Ursula war die Jüngste, immer gut gesorgt.
«Ja, Vater, ich meine es sehr ernst, sonst hätte ich mich nicht mit ihm verlobt.»
«Aber du weisst doch, du hast schon einmal an einen Mann geglaubt ...»
«Ja, aber jetzt ist es etwas anderes. Päpu, ich meine Claudius, ist so gut zu mir.» Sie zögerte keinen Moment zwischen «Hanspeter» und «Claudius». Das beruhigte mich, ich wusste jetzt, dass ich mich auf sie verlassen konnte.
«Ich mag ihn auch, Ursula. Er ist sehr sympathisch, sehr nett, zuvorkommend.»
«Das ist er. Vielleicht habe ich ja wirklich einmal Glück im Leben.»
«Ich wünsche es mir so für dich. Willst du ihn heiraten?»
«Ja.»
«Da bist du dir ganz sicher?»
«Ja, Vater, wir sind bestimmt für einander.»
Ich war glücklich. Ursula dachte so, wie ich dachte. Sie sagte das, was ich sagte. Sie lebte so, wie ich lebte.
Ich wollte sie nicht weiter belauschen, nahm den neuen Fön hervor und trocknete meine Haare. Der Lärm übertönte ihre Stimmen.
Den ganzen Winter hindurch lebten wir in unserer Traumwelt. Ernst Wenger holte noch immer Geld herein, mittlerweile hatte ich schon wieder mehrere hunderttausend Franken beisammen. Langsam musste ich mich um meine «Anleger» kümmern. Schliesslich erwarteten sie irgendwelche Gegenleistungen, sprich Geld, Gewinn, was für mich bedeutete: sie brauchten neue Versprechen.
An einem Abend begann ich am Küchentisch mit einem Bleistift

eine Aktie zu entwerfen. Ich hatte noch nie in meinem Leben eine Aktie gesehen. Dafür hatte ich Fantasie.
Ich stopfte mir eine Pfeife und spitzte den Bleistift mit einem Schnitzer.
Zuoberst auf das Papier schrieb ich gross «Aktie». Dann, ein bisschen kleiner: «Dies ist eine Aktie der Chemie Schweiz AG in Basel-Stadt. Inhaber dieser Aktie ist ...» Da setzte ich den Namen des Anlegers ein, in noch grösseren Buchstaben als das Wort «Aktie». Der Name des Anlegers schien mir das wichtigste zu sein. Darunter schrieb ich: «Diese Aktie hat einen Wert von Franken ...» Mal waren es 50'000, mal 100'000, mal 200'000 Franken oder noch mehr, je nach dem, wieviel mir der Kunde gab. Dann schrieb ich eine Kurzfassung der Doktor-Moser-Geschichte, inklusive der Gewinnmarge von 100 Prozent in drei Monaten, darunter machte ich nichts mehr, und unterschrieb das Ganze mit Finanzdirektor Dr. W. Moser und Aktuar E. Pfister. «W» stand für Walter, «E» bedeutete Ernst oder Emil, da war ich mir selbst nicht ganz sicher.
Ich lehnte mich zurück, sog kräftig an meiner Pfeife und betrachtete mein Werk. Ich war noch nicht zufrieden, holte einen Radiergummi hervor, veränderte dort ein bisschen, hier etwas, schrieb den Text um, setzte Zierlinien dazwischen und zeichnete Schnörkel an die Ränder. Ich pröbelte stundenlang herum, bis mir meine Aktie gefiel, bis ich das Gefühl hatte, so könnte eine echte Aktie aussehen.
Dann zeigte ich sie Ursula. Sie war sehr erstaunt.
«Was willst du denn mit einer Aktie?»
«Ich habe dir doch das Code-System von Doktor Moser erklärt.»
«Ja schon, aber weshalb zeichnest du jetzt plötzlich eine Aktie? Darf man das denn überhaupt? Muss das nicht eine Bank machen?»
«Nein, nein. Diese Aktien der Chemie Schweiz AG sind keine gewöhnlichen Aktien. Denn du weisst ja, dieses Code-System ist streng geheim, offiziell gibt es das ja gar nicht, deshalb wurde ich doch verhaftet und als Lügner bezeichnet ...» Ich schaute ihr tief in die Augen. «Das habe ich dir doch alles erzählt.»
«Ja schon, aber was hat dies damit zu tun?»

«Die Kunden, die ihr Geld bei mir, beziehungsweise bei Herrn Doktor Moser anlegen, wollen irgendein Schriftstück, das ihnen Sicherheit vermittelt, verstehst du? Und da es keine offiziellen Aktien oder anderen Wertpapiere der Chemie Schweiz AG gibt, mache ich sie selbst. Damit sie wenigstens etwas in den Händen halten können.»
Ursula schaute mich noch immer fragend an.
«Also, wie findest du sie?»
«Schön.»
«Wirklich?»
«Ja, du kannst gut zeichnen.»
Sie setzte sich auf meinen Schoss, und wir küssten uns. Über die Aktien und die Chemie Schweiz AG und über das ganze Geld sprachen wir nicht weiter. Überhaupt redeten wir sehr wenig darüber. Ursula interessierte sich nicht dafür, es war ihr nicht wichtig, wieviel Geld wir genau hatten. Sie war glücklich, wenn überhaupt etwas da war.
Sie hatte ihr Leben lang geschuftet und war dabei nie reich geworden. Das Geld hatte gerade gereicht, um sich und ihren Sohn durchzubringen. Ende Monat blieb nie ein Franken übrig, auch wenn sie gespart hatte. Irgendjemand war immer da, von dem sie ausgenutzt, verraten und verkauft worden war.
Wir schmusten ein bisschen, und bald wurde es uns am Küchentisch zu eng. Ich packte sie und trug sie ins Schlafzimmer.
«Ich glaube wirklich», sagte sie, «dass du mich liebst. Du bist der erste Mann, der mich liebt, der mich so liebt, wie ich bin.»
Ich schloss sie ganz fest in meine Arme.
Ich konnte ihr zwar Geld bieten, aber das war nicht das Entscheidende. Ich liebte sie aufrichtig. Dass ich sie anlügen musste, tat mir weh. Manchmal überlegte ich den ganzen Tag, was ich tun sollte. Natürlich, ich hätte alles erzählen können, sie hätte mich jetzt nicht mehr verlassen, davon war ich überzeugt. Unsere Liebe konnte nichts und niemand brechen, kein anderer Mann, keine andere Frau, kein Geld, kein Knast. Trotzdem schwieg ich, aus Angst, dieses Glück zu verlieren.
Am nächsten Morgen ging ich mit meiner Aktie zur Druckerei Huber. Ich fürchtete, dass mir Albert Huber unangenehme Fra-

gen stellen würde, denn ich nahm nicht an, dass er jeden Tag Aktien druckte.
Aber er fragte mich lediglich, ob es wirklich Sicherheitspapier mit Silberfaden und Wasserzeichen sein musste. Natürlich, antwortete ich ihm, schliesslich sei das ja ein Wertpapier. Er müsse das Papier leider zuerst in Zürich bestellen, er habe es nicht vorrätig. Kein Problem, antwortete ich ihm, er solle doch gleich ein paar Bögen bestellen, denn ich würde wieder zu ihm kommen, um Aktien und Wertpapiere drucken zu lassen.
Für den Text wählte ich eine schöne, verschnörkelte Schrift.
Zwei Wochen später konnte ich die fertige Aktie abholen. Sie gefiel mir, ich war richtig stolz auf mich. Sie sah genau so aus, wie ich mir eine Aktie vorstellte. Zu Hause schrieb ich einen kurzen Brief, legte ihn zusammen mit der Aktie in ein dickes Karton-Couvert und schickte dies an meinen Geldgeber. Dann machte ich mich daran, auch die anderen Anleger mit einer solchen völlig wertlosen Aktie zu beglücken.
Einige der Kunden schrieben mir einen Brief und bedankten sich. Sie bedankten sich für das Vertrauen, das ich ihnen entgegenbringe.
Man bedankte sich bei mir sowieso immer für mein Vertrauen…

Die Tage flogen dahin. Jetzt, da Ursula nicht mehr arbeitete, hatten wir viel Zeit füreinander. Wir waren fast eine Familie. Nur Martin fehlte.
«Was meinst du, Ursula, wenn Martin jetzt bei uns wohnen würde? Du hast doch jetzt genügend Zeit für ihn.»
Ursula strahlte übers ganze Gesicht. «Ja, das wäre schön.»
«Also, warum holen wir ihn nicht zu uns?»
Ihr Blick verfinsterte sich, sie blickte verschämt zu Boden.
«Was ist los, Ursula?» Ich wollte sie in die Arme nehmen, aber sie stiess mich fort.
«Habe ich etwas Falsches gesagt?»
«Nein, aber …»
Ich konnte mir nicht vorstellen, was mit ihr los war.
«Weisst du, natürlich wäre ich überglücklich. Aber dürfen wir

Martin den Pflegeeltern einfach wegnehmen? Sie sind doch so gut zu ihm.»
Ich staunte nicht schlecht. Wie schon damals, als sie ihren Job nicht aufgeben wollte, dachte sie zuerst an alle andern und erst dann an sich.
«Findest du denn nicht, dass ein Kind bei seiner Mutter sein sollte?»
«Doch natürlich. Aber trotzdem …»
Ich konnte es lange nicht glauben, dass sie nur zögerte, Martin zurückzuholen, um den Pflegeeltern nicht weh zu tun. Doch es war tatsächlich so. Schliesslich einigten wir uns aber darauf, dass wir mit den Pflegeeltern darüber reden würden.
Wir trafen uns in Niedermuhlern, einem Weiler auf dem Längenberg, im Restaurant «Bachmühle». Wir fuhren mit dem Taxi dorthin. Es war ein gemütliches, romantisches Lokal mit Kerzenlicht, weissen Tischtüchern und ausgezeichnetem Essen. Ursula und ich waren schon oft dort gewesen, immer mit dem Taxi, und wir hatten uns mit der Wirtefamilie angefreundet. Die Familie hiess Smith. Alex Smith war Engländer, der aber schon lange in der Schweiz lebte und die beste Berner Platte im ganzen Bernbiet kochte. Seine Frau Annelies stammte aus Bern und besorgte den Service.
Martins Pflegeeltern waren sehr zurückhaltend, ein bisschen scheu. Ich erklärte ihnen vorsichtig, dass wir Martin zu uns nehmen möchten, da Ursula und ich jetzt eine richtige Familie wären. Sie hörten mir zu, nickten verständnisvoll und sagten, sie seien damit einverstanden.
Dann wollten sie wissen, was ich von Beruf war.
Ich stützte meine Arme an der Tischkante auf, faltete meine Hände und sagte:
«Ich bin Kinderpsychologe am Berner Inselspital.»
Auch der Wirtefamilie hatte ich das einmal erzählt, früher, als ich mit Ursula allein gekommen war. Seit damals nannten mich die Smiths immer «Herr Doktor Alder». So wurde ich von Claudius Alder zu Doktor Claudius Alder. Das gefiel mir.
Ursula hatte mich damals gefragt, wieso ich mich als Psychologe ausgebe. Ich hatte ihr erklärt, ich dürfe das geheime Code-

System von Doktor Moser nicht verraten, und trotzdem müsse ich doch irgendeinen Beruf haben, um mich zu rechtfertigen. Ich könne unmöglich sagen, dass ich den ganzen Tag herumhänge. Ursula hatte das gut verstanden.
Ich machte den Pflegeeltern den Vorschlag, dass Martin in Zukunft viel mehr bei uns zu Besuch sein würde, aber immer noch bei ihnen wohnen würde. Pädagogisch und psychologisch sei dies sicher vernünftig. Diesen Schritt, diesen Ablösungsprozess müsste man langsam machen, damit Martin nicht überfordert werde.
Ich sprach wieder einmal sehr gescheit über ein Thema, von dem ich eigentlich keine Ahnung hatte.
Tatsächlich kam Martin immer öfter zu uns, und schon bald wollte er nicht mehr zu seinen Pflegeeltern zurück. Mitte Juni 1985 zog er definitiv zu uns. Ursula war glücklich.
«Jetzt darfst du für immer hier bleiben», sagte sie zu ihm und strich ihm über sein blondes Haar. Dann kam er auf mich zu und umarmte mich.
«Mami, jetzt haben wir endlich einen richtigen Päpu.» Ich war gerührt, Tränen schossen mir in die Augen.
Einen Monat später heirateten wir. Natürlich konnten wir nicht richtig heiraten, weil ich ja auf der Flucht war und keine Papiere besass.
Dass es keine «richtige», offizielle Heirat war, störte uns nicht. Wichtig war nur, dass es für uns stimmte. Wir brauchten keinen Standesbeamten, keine Unterschrift, um zu besiegeln, dass wir Mann und Frau waren und für immer zusammenbleiben wollten. Die Heirat feierten wir bei den Smiths im Restaurant «Bachmühle». Eigentlich war es nur ein grosses Essen mit Freunden und Ursulas Verwandten. Eine Ländlerkapelle spielte zum Tanz.
Kein Pfarrer, keine Kirche, kein weisses Kleid. Doch für Ursula und mich war es der schönste Tag.
Ich war noch nie so zufrieden und ruhig gewesen. Vor allem die Ruhe genoss ich. Ich hatte überhaupt keinen Stress mehr. Ich spürte, dass Ursula und Martin gerne mit mir zusammen waren. Auch dem Geld musste ich nicht mehr nachrennen. Die Methode mit den falschen Aktien bewährte sich: meine Kunden vertrauten

mir und fragten viel weniger nach ihrem Geld und ihrer Rendite als vorher.
Und die Lebenslüge wurde noch grösser.
Eines Abends sass ich mit meiner neuen Familie bei den Smiths im Restaurant «Bachmühle». Wir redeten und lachten, und ich erwähnte beiläufig, dass ich eigentlich keine Lust mehr habe, immer für diesen Doktor Moser zu arbeiten, Briefe zu schreiben, Aktien drucken zu lassen. Ursula meinte, das sei ja nicht so schlimm, sie könne mir doch helfen. Nein, nein, das komme gar nicht in Frage, erwiderte ich.
«Da stelle ich lieber eine Sekretärin an!» rief ich laut.
Wir mussten lachen.
Nach dem Essen kam Annelies, die Wirtin, zu uns an den Tisch.
«Herr Doktor Alder, darf ich Sie etwas fragen?»
«Aber natürlich.»
«Ich will nicht unverschämt sein, aber ich habe gehört, dass Sie vorher über eine Sekretärin gesprochen haben.»
«Ja, wir haben gerade darüber diskutiert, dass es sinnvoll wäre, eine Sekretärin zu haben.»
«Verstehen Sie mich nicht falsch. Aber ich habe eine Schwester, die würde sich gerne verbessern, sie arbeitet heute bei der Post und wäre vielleicht etwas für Sie. Könnten Sie sie nicht einmal unverbindlich treffen?»
Ein paar Tage später gingen wir wieder bei den Smiths essen. Die Schwester von Annelies war auch da. Sie hiess Regula, war 24 Jahre alt. Sie war klein, ziemlich hübsch und sehr nett. Ich schüttelte ihr die Hand und sagte gleich, dass ich mir gut vorstellen könne, sie als Sekretärin zu beschäftigen. Ja, aber sie habe noch eine Schwester in Zürich, sagte Regula, die sei vielleicht besser, sei schon jahrelang im Service tätig und hätte eine berufliche Verbesserung, einen beruflichen Aufstieg viel dringender nötig, schliesslich sei sie auch älter. Wir machten aus, uns nächste Woche alle zusammen wieder in der «Bachmühle» zu treffen.
Eigentlich wusste ich bereits, dass ich Regula anstellen würde, wenn überhaupt. Doch ich liebte das Spiel, ich fühlte mich geehrt, wie sich die Frauen um diesen Job rissen. Um die Sache

spannender zu machen und um zu vermeiden, dass ich bei einer Absage fadenscheinige Begründungen suchen musste, bereitete ich einen kleinen Test vor. So konnte ich dann der einen der beiden Schwestern sagen: «Entschuldigung, aber Sie haben den Test nicht bestanden», oder: «die andere ist halt noch besser und geeigneter für diesen Job als Sie.»
Ich stellte einen Fragebogen zusammen. Ich schilderte eine Lebenssituation und fragte, wie man in einer solchen Lage reagieren würde.
Zum Beispiel: Ein guter Freund, der schon lange verheiratet ist und ein kleines Kind hat, erzählt Ihnen, dass er sich Hals über Kopf in eine andere Frau verliebt habe, er wisse nicht, was er machen solle. Was raten Sie ihm? a) Soll er seine Gefühle ausleben, sich auf ein Verhältnis mit der anderen Frau einlassen und alles geheim halten? b) Soll er sich mit der anderen Frau einlassen, mit der Ehefrau reden und vielleicht eine Scheidung anstreben? c) Soll er sich gegen seine Gefühle entscheiden und bei der Ehefrau bleiben, ohne ein Verhältnis mit der anderen Frau anzufangen? d) Andere Vorschläge?
Die Sache machte mir ungeheuer Spass, ich liess erneut mein ganzes psychologisches Talent spielen und fand es schade, dass ich nicht wirklich Psychologe war.
Wieder ging ich mit meiner Familie in die «Bachmühle». Die Smiths waren freundlich und zuvorkommend wie immer, die beiden Schwestern waren bereits da. Beide waren nervös. Als ich die zweite Schwester sah, war klar, dass ich mich für Regula entscheiden würde, was auch immer mein Test ergeben sollte. Aber ich zog die Sache durch, ich wollte wissen, wie diese Frauen solche Fragen beantworten würden. Ursula, Martin und ich assen gemütlich zu Abend, und die beiden Schwestern versuchten krampfhaft, meinen Test zu lösen.
Die Antworten waren zum Teil erstaunlich, aber nicht so dumm, wie ich es erwartet hatte. Bei der Frage, was der verheiratete Freund, der sich in eine andere Frau verliebt hatte, tun sollte, kreuzten beide Antwort «c» an, also er solle bei der Ehefrau bleiben und seine Gefühle unterdrücken. Ich freute mich darüber und überlegte, was wohl anders gelaufen wäre in meinem Leben,

wenn ich mich damals in Basel genau so verhalten und mich nicht auf ein Verhältnis mit Beatrice eingelassen hätte.
Ich ging kurz die Antworten meiner beiden Bewerberinnen durch und liess dann die beiden zu uns an den Tisch sitzen.
«Danke, dass Sie beide gekommen sind. Es tut mir leid, dass ich Sie diesen Test machen lassen musste. Aber wie Sie wissen, geht es hier um eine sehr wichtige Arbeit.»
Ich stützte meine Arme an der Tischkante auf, faltete meine Hände und schaute den beiden Frauen abwechselnd in die Augen. Ich erzählte von meiner Arbeit als Psychologe an der Universität Bern, dass ich oft im Ausland unterwegs sei und deshalb eine ganz zuverlässige Sekretärin brauche, auf die ich mich in jeder Situation verlassen könne. Ich sagte, dass beide den Test sehr gut beantwortet hätten, dass ich schon sehr viele Bewerberinnen angeschaut habe, aber keine in die engere Auswahl gekommen sei. Jetzt falle es mir sehr schwer, mich für eine von beiden zu entscheiden.
Blablabla. Ich war in meinem Element.
Schliesslich sagte ich, dass ich mich wahrscheinlich für Regula entscheiden würde, die Sache aber nochmals überschlafen und die Antworten des Tests nochmals genau studieren müsse. Ich würde mich dann schriftlich bei ihnen melden.
Als wir gingen, verabschiedete sich die Familie Smith noch freundlicher als sonst. Annelies Smith bedankte sich fast überschwenglich und stotterte beim Adieusagen:
«Vielen Dank, vielen Dank, kommen Sie gut heim, Herr Doktor Adler, eh, entschuldigen Sie, das ist mir so peinlich, ich meine natürlich Herr Doktor Alder ...»
«Das macht doch nichts, Frau Smith, Vogel ist Vogel ...»

Ich stellte Regula als Sekretärin für 4000 Franken im Monat an. Aber ich hatte keine Ahnung, was ich mit ihr machen sollte. Sie glaubte, dass sie demnächst an der Universität arbeiten werde, und fragte mich sogar einmal, ob sie ihr zukünftiges Büro anschauen dürfe. Ich musste wieder Ausreden erfinden. Damit sie trotzdem etwas zu tun hatte, gab ich ihr manchmal aus einem

Buch etwas zum Abtippen. Sie war keine Spitzenkraft im Schreibmaschinenschreiben, der Text war voller Fehler. Zum Glück spielte es keine Rolle, ich schmiss die Papiere weg.

Regula tat mir leid. Sie war vom Leben nicht verwöhnt worden. Sie hatte seltsame Freunde, ab und zu einen Mann, aber nie etwas Richtiges. Dabei sehnte sie sich nach einer Familie.

Schon nach kurzer Zeit waren wir eng befreundet. Wir machten Duzis, und Regula konnte bei uns in Bümpliz ein- und ausgehen, wie sie wollte. Für sie waren wir eine Ersatzfamilie, und sie sagte immer wieder, dass Ursula und ich eine wundervolle Beziehung hätten. Regula blühte richtig auf, und ich freute mich, dass ich jemandem helfen konnte. Dass ich dafür auch noch 4000 Franken bezahlte, kümmerte mich nicht im geringsten. Ich fühlte mich wohl in der Rolle als barmherziger Samariter.

Auch der Bümplizer Käsehändler tat mir leid. Sein Laden war so klein, die Leute gingen daran vorbei in den Coop und kamen wenig später mit prallgefüllten Einkaufstaschen wieder an ihm vorüber, ohne auch nur einen Blick ins Schaufenster zu werfen. Ich ging oft in seinen Laden, kaufte sogar etwas, obwohl das Angebot wirklich nicht gerade dazu einlud. So kamen wir ins Plaudern, er erzählte mir seine Lebensgeschichte und klagte, dass er seinen Laden aufgeben müsse und eigentlich zurück in seine Heimat nach Gstaad wolle, aber er könne sich das nicht leisten, denn er habe praktisch kein Geld mehr. Darauf erzählte ich ihm die Doktor-Moser-Geschichte. Er staunte und bekam ganz wässrige Augen, wie alle andern, denen ich Doktor Mosers Geheimcode durch den Mund zog.

An einem regnerischen Tag im September machte ich ihm ein Angebot. Er schloss die Ladentüre und bat mich in sein Büro. Er hätte die Türe nicht zu schliessen brauchen, Kunden kamen eh keine vorbei.

«Also Herr Bärtschi, ich hätte vielleicht eine Lösung für Ihre Probleme.»

«Ach ja, das wäre der richtige Zeitpunkt, denn ich muss jetzt endgültig meinen Käseladen schliessen.»

«Ich habe einen Job für Sie.» Ich stützte meine Arme an der Tischkante auf, faltete meine Hände und schaute ihm in die

Augen. Fritz Bärtschi war noch nicht alt, höchstens fünfzig, aber sein Gesicht hatte schon tiefe Furchen.
«Ich habe Ihnen doch von diesem Doktor Moser erzählt. Ich habe auch erwähnt, dass er Finanzdirektor der Chemie Schweiz AG in Basel ist.»
«Jaja, Herr Doktor Alder, das haben Sie alles erzählt, ich habe es nicht vergessen.»
«Sehen Sie, die Sache ist die: Herr Doktor Moser braucht unbedingt Inspektoren.»
«Inspektoren?»
«Ja genau, das sind Leute, die die verschiedenen Fabriken der Chemie Schweiz AG kontrollieren und beaufsichtigen. Das nennt sich Inspektor und ist ein gutbezahlter, verantwortungsvoller Job.»
«Aber glauben Sie denn, dass ich das könnte?»
«Das ist nicht das Problem. Das lernen Sie schnell. Was Sie genau zu tun haben, weiss ich auch nicht, das wird Ihnen Doktor Moser schon erklären. Jedenfalls ist es sehr wichtig, dass Sie sich schnell entscheiden, alles weitere wird sich schon ergeben.»
«Und was werde ich dann ...» Er zögerte einen Moment.
«Sie meinen, was Sie dabei verdienen werden?»
«Ja.»
«Rund 8000 Franken im Monat.»
Fritz Bärtschi fiel beinahe vom Stuhl.
«Allerdings gibt es da noch ein kleines Problem.»
«Und das wäre? Ich hoffe kein zu grosses, Sie kennen ja meine Situation, Herr Doktor Alder.»
«Sie müssen keine Angst haben, Herr Bärtschi, ich bin sicher, Sie werden einen Weg finden. Bedingung für eine solche Anstellung ist, dass Sie sich an der Chemie Schweiz AG finanziell beteiligen. Das ist für Sie ein relativ kleiner Betrag, mit 10'000 Franken sind Sie dabei. Das haben Sie ja schnell wieder hereingeholt, wenn Sie danach 8000 Franken im Monat verdienen. Wissen Sie, das ist eine reine Vertrauenssache. Herr Doktor Moser ist überzeugt, dass seine Leute noch verantwortungsvoller, noch exakter arbeiten, wenn sie an der Firma beteiligt sind. Das ist ein ganz neuer Führungsstil.»

Ich dachte, ich könnte ihm nicht einen Job anbieten, einen Job notabene, von dem nicht einmal ich wusste, was das für eine Arbeit sein sollte, hätte es die Chemie Schweiz AG überhaupt gegeben. Wenn er sich mit 10'000 Franken an der Firma beteiligen müsste, würde die Sache doch sehr viel seriöser aussehen und den hohen Lohn für null Arbeit erklären.
Natürlich sagte Fritz Bärtschi sofort zu. Er bekam eine Aktie, die ich immer noch bei Albert Huber drucken liess, obwohl ich in der Zwischenzeit erfahren hatte, dass Albert Huber Dirigent des Polizei-Männerchors Bern war. Doch er war immer freundlich zu mir. Ich nahm nicht an, dass er mich erkannt hatte. Ausserdem verdiente Albert Huber eine Menge Geld an mir.
Fritz Bärtschi bekam neben dieser Aktie auch einen Arbeitsvertrag. Er schloss seinen Laden und zog in eine schöne Wohnung nach Gstaad. Zu tun hatte er nichts, doch die 8000 Franken bekam er pünktlich jeden Monat.
Ich stellte noch mehr Inspektoren an. Martins ehemaliger Pflegevater wurde Inspektor und kassierte 4000 oder 5000 Franken pro Monat, ohne einen Finger krumm zu machen. Auch ein Freund von ihm wurde Inspektor, sogar einen Kollegen von Regula stellte ich an.
Und auch für die Smiths vom Restaurant «Bachmühle» organisierte ich eine lukrative Arbeit. Sie hatten die «Bachmühle» verlassen müssen, weil der Pachtvertrag ausgelaufen war und der Besitzer das Restaurant seinem Sohn übergeben hatte. Die Smiths waren ins Unterland gezogen und wussten nicht, was sie machen sollten. Sie taten mir leid, sie hatten mich immer so zuvorkommend behandelt, wir waren gute Freunde geworden. Deshalb machte ich sie kurzerhand zu Hoteliers. Sie waren verantwortlich für eine Hotelkette, die der Chemie Schweiz AG gehörte. Die Hotels waren alle Fünfstern-Häuser, verstreut über die ganze Welt. Die Smiths bekamen die Aufgabe, die Hotels zu verwalten und zu kontrollieren. Dafür kassierten sie einen tollen Lohn, mehrere tausend Franken im Monat.
Natürlich existierte diese Hotelkette, wie alles, was irgendwie mit Doktor Moser zu tun hatte, nur in meiner Fantasie. Hie und da staunte ich aber trotzdem, wie die Sache ein Eigenleben

erhielt. Denn meine «Angestellten» begannen die Geschichte ihrerseits ein wenig abzuändern oder auszubauen, nicht böswillig, aber wie das eben so ist, dieses und jenes Detail ist plötzlich ganz anders. Manchmal erfuhr ich Dinge von Dritt- oder Viertpersonen über die Chemie Schweiz AG, die mir völlig unbekannt waren, die ich niemals gesagt hatte. Das amüsierte mich.

Zu tun hatten weder die Smiths noch Fritz Bärtschi noch alle andern Inspektoren, dafür kassierten sie umso mehr und mussten lediglich darauf achten, dass sie dem Steueramt etwas erzählen konnten. Ich wusste, dass der ganze Schwindel irgendwann auffliegen würde, aber ich rechnete nicht so schnell damit. Ein paar Jahre würde es schon dauern. Und bis dann konnten ein paar Leute, ein paar Familien, die es nicht einfach hatten, sich ein schönes Leben gönnen.

Doch die Löhne für meine «Angestellten» begannen mein Budget auf der Ausgabenseite hochzutreiben. Ich musste anfangen, Löcher zu stopfen.

Es war Herbst, ich war seit fast einem Jahr auf der Flucht. Wieviel Wasser war in dieser Zeit die Aare hinuntergeflossen?

Ich brauchte die Aare nicht mehr. Selbstmord stand schon lange nicht mehr zur Diskussion.

Am 25. Oktober 1985 zog ich mit meiner Familie nach Adelboden.

Ich betrat eine grosse, wundervolle Bühne.

8.

Zu diesem Umzug war es gekommen, weil Ursula und ich nicht heiraten konnten. Das heisst, wir waren ja verheiratet, aber nur für uns, nicht offiziell.
Eines Abends war der Wohnungsverwalter, der die Siedlung an der Grossackerstrasse in Bümpliz betreute, vor der Türe gestanden. Meine Frau hatte geöffnet und gefragt, was er wünsche. Sie bat ihn nicht in die Stube, das tat sie nie. In ihre Wohnung durften nur Leute, die sie gut kannte und die sie mochte. Dass sie mich damals aufgenommen hatte, war deshalb um so erstaunlicher. Wir hatten ein paarmal darüber gesprochen und keine Antwort gefunden. Vielleicht war dies das Geheimnis unserer Beziehung.
«Ja, Frau Rolli, Sie wissen doch», sagte der Verwalter, «dass wir in unserer Genossenschaft Ehepaare mit Kindern bevorzugen, deshalb haben wir ja auch so günstige Mietzinse. Nun, wir wissen, dass Sie eine schwere Zeit hinter sich haben, eine Trennung von Ihrem Verlobten, aber jetzt haben Sie ja endlich Ihren Sohn bei sich und leben wieder in einer glücklichen Beziehung. Möchten Sie nicht heiraten?»
«Natürlich werden wir irgendwann heiraten, das ist sicher. Aber nicht gerade jetzt.»
Ich staunte, wie meine Frau reagierte. Ich war stolz auf sie.
«Aber wissen Sie, Frau Rolli, es müsste schon bald sein, sonst bekomme ich Schwierigkeiten mit meinen Vorgesetzten. Wir möchten Sie nicht verlieren, Sie sind beliebt in der Siedlung. Und Ihr Freund ist auch sehr nett, Herr Doktor Alder heisst er doch, oder?»
Ich war in der Stube und hörte das Gespräch mit. Ich versuchte mich nicht aufzuregen, aber jetzt platzte mir der Kragen. Als der Kerl weg war, sagte ich zu meiner Frau, dass wir das nicht nötig hätten, diese Forderungen und dieses Getratsche, wir sollten zügeln. Ursula war einverstanden. Probleme würden keine entstehen. Wir waren beide frei, ohne Job, und Martin ging noch nicht in die Schule, noch nicht einmal in den Kindergarten.

Wir überlegten uns lange, wo wir hinziehen sollten. Fest stand nur, dass wir in die Berge wollten. So standen Adelboden, Gstaad, St. Moritz, Davos und Arosa zur Auswahl. Am liebsten wäre ich nach Grindelwald gegangen, traute mich aber nicht, ich war nicht sicher, ob die Spuren meiner Vergangenheit dort wirklich verwischt waren.

Wir entschieden uns für Adelboden, weil es im Berner Oberland lag und trotz Tourismus einen eigenen Charakter bewahrt hatte. Gstaad gefiel mir zwar auch, aber da hatte es mir zu viele Bonzen, zu viel Jet-set.

Der Umzug war eine einfache Angelegenheit, wir mussten praktisch keine Möbel zügeln. Wir hatten uns in der ganzen Zeit, in der ich jetzt schon bei Ursula wohnte, keine neuen Möbelstükke gekauft, obwohl wir genügend Geld hatten. Es war nicht nötig, uns war es wohl.

Die alten Sachen gaben wir entweder Studenten oder warfen sie auf den Müll. Mehr konnte man damit nicht anfangen. Mir fiel das nicht so schwer, aber Ursula hing an dem Zeugs. Sie nahm es mir übel, dass ich sie deswegen auslachte.

Wir zogen in eine möblierte Wohnung im Chalet «Pavillon», mitten in Adelboden. Sie war nicht besonders schön, der grösste Raum war ein langer, dunkler Gang, er dominierte die ganze Wohnung, machte aus ihr eine Höhle. In der Stube stand ein riesiger, schwerer Eichentisch. Dank ihm hatte diese Wohnung doch etwas Gemütliches an sich.

Leider fehlte ein Fernseher. Da wir an einem Freitag einzogen, an jenem Freitag im Monat, an dem die Fahndungssendung «Aktenzeichen: XY ... ungelöst» lief, musste ich sofort einen TV-Apparat organisieren. Ich hatte, seit ich auf der Flucht war, noch keine einzige Sendung verpasst. Ich wollte wissen, ob die Polizei mich vergessen oder aufgegeben hatte oder ob sie mich per Fernsehsendung suchte.

Ich ging schnurstracks in ein Elektronikfachgeschäft und mietete ein Fernsehgerät. Mir fiel auf, wie nett die Leute waren.

«Aktenzeichen: XY ... ungelöst» brachte nichts über mich. Ich atmete auf.

Als wir am nächsten Morgen in unserem neuen Heim aufwachten, stand die Sonne bereits hoch. Der Himmel war blau und klar. Die Berge ragten mächtig empor. Ein herrlicher Anblick, eine fantastische Kulisse.

Ich hielt Martin an der linken, Ursula an der rechten Hand. So schlenderten wir durchs Dorf. Wir kamen an einem Coop-Laden vorbei, an einer Metzgerei, einer Weinhandlung, verschiedenen Restaurants, einem Architekturbüro, einer Bank, einem grossen Baugeschäft.

Ich blieb stehen, schaute Ursula an und sagte:

«Wir werden hier sicher sehr glücklich.»

Sie strahlte.

«Aber weisst du was», sagte ich dann, «wir brauchen einen Hund!»

«Au ja! Ein Hund. Ein Hund!» Martin war ganz aufgeregt, er wünschte es sich so sehr.

Wir gingen gleich zum Kiosk, kauften eine Tierzeitschrift und studierten zu Hause am grossen Eichentisch im Chalet «Pavillon» die Inserate. Wir wussten nicht, was für einen Hund wir haben wollten. Bis wir ein Inserat sahen, in dem junge Bernhardiner angeboten wurden: «Welpen – 12 Wochen alt». Verkauft wurden die Hunde von der «Schwyzerländli-Zucht» in Ittigen bei Bern.

«Das ist es. Ein Bernhardiner!»

«Meinst du? Werden die denn nicht zu gross?»

«Und wenn schon, ich will einen richtigen Hund. Ich bestelle mir jetzt gleich ein Taxi, dann hole ich einen dieser jungen Bernhardiner.» Ich wollte nichts anderes mehr. Einen Bernhardiner, so schnell wie möglich.

Ich bestellte beim Adelbodner Taxihalter Ueli von Allmen einen Wagen.

Mit dem Zug fuhr ich schon lange nicht mehr. Da ich die Autofahrprüfung noch immer nicht gemacht hatte und auch nicht beabsichtigte, überhaupt je autofahren zu lernen, schliesslich war ich nun schon 38 Jahre alt, blieb mir nichts anderes übrig, als mich mit Taxis zu bewegen. Geld hatte ich genug.

Ueli von Allmen kam persönlich. Sein Auto, ein Toyota Kombi, war schon ziemlich alt und klapprig. Die Fahrt dauerte über eine

Stunde. Martin hatte unbedingt mitkommen wollen und schlief auf dem Rücksitz. Ursula war zu Hause geblieben. Während der Fahrt erinnerte ich mich plötzlich daran, dass mich Ines einmal mit einem Bernhardiner verglichen hatte. Ich musste lachen.

Die Welpen waren niedlich. Die Züchterin liess uns in den Zwinger, damit wir die kleinen Bernhardiner genau anschauen konnten. Sie kamen alle auf uns zu, beschnupperten uns und sprangen wieder weg. Einer blieb bei uns, strich uns die ganze Zeit um die Beine und schaute uns mit seinen grossen, dunklen Augen an. Er war der hässlichste und schmutzigste von allen.

«Also Martin, was denkst du, welchen sollen wir nehmen?»

«Diesen da!» Er zeigte auf den kleinen Frechdachs an unseren Füssen.

«Meinst du wirklich?»

«Ja, diesen, genau diesen will ich!»

Die Züchterin wollte ihn Martin ausreden. Warum es denn ausgerechnet dieser sein müsse, sie habe doch viel schönere Welpen. Aber Martin bestand darauf, und auch ich wollte keinen anderen. Die Züchterin war schliesslich einverstanden und gab zu, dass es auch ihr Liebling war. Der kleine Hund hiess Mani. Ich bezahlte 900 Franken, und wir stiegen mitsamt Hund ins Taxi. Mani verschmutzte den ganzen Wagen. Ich entschuldigte mich dafür. Doch Ueli von Allmen sagte, das mache nichts, das Auto sei schon alt, und eigentlich müsste er es schon lange ersetzen, aber er habe kein Geld, das Geschäft laufe sehr schlecht, es komme selten vor, dass er mit Kunden von Adelboden bis ins Unterland fahren könne. Als wir in Adelboden ankamen, gab ich ihm ein grosses Trinkgeld.

Mani war von nun an mein ständiger Begleiter. Ich nahm ihn überall hin mit. War es zum Einkauf, zum Spaziergang oder ins Restaurant – Mani war immer dabei.

Im Februar 1986 zogen wir ins Chalet «Tusculum». Es war viel grösser und schöner als das «Pavillon». Es lag im unteren Teil des Dorfes, nur ein paar Meter von der Gemeindeverwaltung und vom Polizeiposten entfernt. Aber das machte mir keinen Kummer. Ich war sicher, dass mich – ohne Bart und mit falschen Locken – niemand erkennen würde.

Von der Strasse aus konnte man das Chalet «Tusculum» fast nicht sehen, man musste zuerst einen kleinen Weg hochsteigen. Die Wohnung war bescheiden, aber sehr gemütlich und rustikal eingerichtet. Im Eingang, gleich neben der Türe, stand ein grosser Spiegel.

Bald waren wir in Adelboden gut bekannt. Wir gingen jeden Tag einkaufen, Ursula, Martin, Mani und ich. Wenn Ursula keine Lust hatte, ging ich mit Mani alleine. Ich ging zwar auch in den Coop, aber dort holte ich nur, was ich in den Spezialgeschäften nicht erhalten konnte. Ich liebte es, durch Adelboden zu schlendern, etwas einzukaufen, mit den Leuten zu reden und in den Restaurants in aller Ruhe einen Kaffee zu trinken. Irgendwann begannen die Leute mich zu fragen, was ich beruflich mache, denn sie merkten natürlich, dass ich kein Feriengast war. Ich blieb bei meiner Geschichte und erzählte, ich sei Psychologe am Inselspital in Bern und arbeite immer nachts.
Ende Monat kamen jeweils meine «Inspektoren» vorbei und holten ihren Lohn ab. Ich bezahlte immer pünktlich. Für diese Prozedur liess ich meistens auch Regula, meine «Sekretärin» kommen. Sie zählte das Geld und schrieb die Quittungen. Eines Tages schlug ich ihr vor, sie solle sich eine Wohnung in Adelboden nehmen, dann müsse sie nicht immer vom Tal heraufahren. Sie fand das eine tolle Idee, so konnte sie wieder mehr bei mir und meiner Familie sein. Sie mietete sich ein schönes Appartement, das ich bezahlte.
Ich vermutete, dass sie sich ein bisschen in mich verliebt hatte. Ich sass manchmal bei ihr im Appartement und bemerkte, wie sie sich schön gemacht hatte. Sicher hätte ich mit ihr eine Affäre anfangen können. Das hätte ich zu meiner Lengnauer oder Zürcher Zeit sicher getan. Aber das war endgültig vorbei. Seit ich Ursula kannte, hatte ich nie mehr eine andere Frau im Kopf. Ich hatte einen echten Wandel hinter mir. Nie mehr hätte ich mein Glück leichtfertig aufs Spiel gesetzt.
Denn wir hatten ein verdammt schönes Leben. Wir waren eine glückliche und angesehene Familie. Ich hatte alles, was ich mir

wünschte. Und ich hatte vor allem das, was ich mir mein ganzes Leben lang gewünscht hatte: Liebe. Ich konnte endlich jemanden richtig lieben, und ich wurde von jemandem richtig geliebt. Ohne Druck, ohne dass ich Heiratsabsichten vorlügen und Versprechen abgeben musste, die ich nie und nimmer halten konnte. Ich musste nichts vorspielen. Ursula und ich waren von Anfang an überzeugt gewesen, dass wir zusammengehörten. Jetzt wussten wir, dass es wirklich so war, dass es immer so bleiben würde. Und wenn ich ins Gefängnis müsste?

Aber daran wollte ich nicht denken. Warum auch? Schliesslich gab es keinen Grund, nervös zu werden. Ich ging jeden Tag zweimal am Polizeiposten vorbei, ohne dass mir jemand einen misstrauischen Blick zuwarf. Dass ich mich selbst stellen würde, stand ausser Frage: Dieses Leben würde ich nicht freiwillig aufgeben.

Langsam ging mir aber das Geld aus. Die Löhne meiner «Angestellten» frassen meine Kasse leer. Doch ich wollte diese Leute nicht fallen lassen. Sie waren glücklich, und das hatten sie auch verdient. Ausserdem war es für mich ein leichtes, an Geld zu kommen.

Ich brauchte neue Opfer. Diesmal wollte ich aber keine 200 «Kunden» wie damals in Lengnau, die mir je ein paar zehntausend Franken gaben. Nein, diesmal wollte ich ganz wenige, die mir aber hunderttausend Franken gaben. Und für diesen Coup war ich genau am richtigen Ort.

Je länger ich in Adelboden war, desto besser begriff ich, wie dieses Bergdorf funktionierte: So, wie die meisten Bergdörfer funktionierten, die durch den Tourismus gross wurden. Am Anfang dachte ich, hier leben alles gute, arbeitsame Leute, die ihr Leben lang krampfen, sparen, zu Geld kommen, ein Häuschen bauen, weiterarbeiten, Tag und Nacht, um ihre Schulden bezahlen zu können. Aber so war das nicht. Solche Leute gab es auch, und sie waren sicher die Mehrheit der rund 3500 Einwohner. Nur hörte man von diesen nichts, die hatten nichts zu sagen. Trotzdem jammerten sie nicht den ganzen Tag. Wer jammerte, hatte wirklich Geld, war gierig nach Geld.

Ich merkte rasch, dass sich die Macht in diesem Kaff auf ein paar

wenige Leute konzentrierte, dass diese alle miteinander verbunden waren. Sei es familiär oder geschäftlich. Das Geld hatten sie sich nicht nur mit Arbeit verdient, sondern durch schlaues Handeln. Sie hatten in der Hochkonjunktur des Tourismus ihr karges Landwirtschaftsland in Bauland umzonen lassen und damit einen Haufen Geld gemacht. Es war ihnen egal, ob ihre Väter und Mütter ihnen das Land deshalb vererbt hatten, weil es Land war, Acker- oder Weideland. Für sie war dieses Land Geld. Man konnte darauf ein Chalet bauen und es teuer verkaufen. Und mit diesem Geld konnte man wieder anderes Land kaufen und und und. Das einfache, harte, aber romantische Leben in den Bergen gab es schon lange nicht mehr. Wer es hier zu etwas bringen wollte, spielte das gleiche Spiel wie die Städter: Monopoly. Kaufen und verkaufen, auf Teufel komm raus, und sei es die eigene Grossmutter, die daran glauben musste. Begriffe wie Ehrlichkeit, Ehre und Heimat waren zu Floskeln verkommen. Daran glaubten nur noch die Touristen.
Ich war am richtigen Ort. Hier würde ich leicht zu Geld kommen.
Ich spürte ein leichtes Kribbeln im Magen.
Mein erstes Opfer war der Weinhändler Fritz Grosspeter.
Ich war schon ein paarmal in seinem Laden gewesen, hatte mich umgeschaut, mit ihm ein bisschen geplaudert und dann meistens eine gute, teure Flasche Wein gekauft. Einen Château-Mouton-Rothschild oder einen Château-Neuf-du-Pape oder etwas anderes Exklusives. Manchmal kaufte ich eine Flasche für ein paar hundert Franken, um ihm Eindruck zu machen.
Irgendwann sprachen wir auch über Geld. Ich erwähnte scheinbar beiläufig, dass ich gute Beziehungen zur Hochfinanz habe. Und irgendwann war es fast unumgänglich, dass ich an seinem Bürotisch hinter dem Laden sass, meine Arme an der Tischkante aufstützte, ihm in die Augen sah und eine Geschichte erzählte, von einem Doktor Moser und Gewinnen von bis zu 100 Prozent ...
Fritz Grosspeter, ein kleiner Mann in älteren Jahren, deponierte eines Tages bei mir im Chalet «Tusculum» über 700'000 Franken. Natürlich erhielt er dafür eine auf Sicherheitspapier gedruckte Chemie-Schweiz-AG-Aktie.

Ich staunte nicht mehr. Nicht einmal, als er mir erzählte, dass er in mehreren Verwaltungsräten sitze. Ich wusste, dass es trotzdem funktionieren würde.

Mein zweites Opfer war der Metzger. Mein drittes Opfer der Bruder des Metzgers. Dann war der Schwiegersohn des Weinhändlers an der Reihe. Der Spengler. Der Inhaber des Comestibles-Ladens. Und der Architekt.

Der Architekt hiess Urs Matthys, ein junger sportlicher Typ mit einem schwarzen Schnauz. Ich kannte ihn, aber ich wusste nicht mehr von wo. Erst als er mir seine Mutter vorstellte, wusste ich Bescheid.

Vor 10 Jahren hatte ich mit Gerda und Conny im Chalet seiner Mutter Ferien gemacht. Das war nach meinem Seitensprung mit Beatrice in Basel gewesen, als uns Freunde und Arbeitskollegen geraten hatten, in die Ferien zu fahren, um uns nochmals zu finden und zu versöhnen. Ich hatte Urs Matthys damals ein paarmal gesehen. Jetzt fiel mir auf, dass sein Schnauz noch dichter geworden war.

Als ich vor seiner Mutter stand, wurde ich nervös. Würde sie mich erkennen, ohne Bart, dafür mit Locken?

Sie erkannte mich nicht.

Ihr Sohn führte mich später zu einem Grundstück. Das sei noch zu haben, man könnte hier ein herrliches Chalet bauen. Ich zeigte mich natürlich sehr interessiert, und selbstverständlich würde ich das Haus mit ihm bauen. Ich gewann sein Vertrauen, schon bald war er Gast im Chalet «Tusculum» und blätterte rund 400'000 Franken auf den Tisch. Ich zählte das Geld nie nach, warum sollte ich auch?

Meine Geldprobleme waren wieder einmal gelöst. Ich konnte termingerecht alle «Inspektoren» und meine Sekretärin bezahlen, und auch die Smiths, die immer noch darauf warteten, für die Hotelkette der Chemie Schweiz AG arbeiten zu müssen, bekamen pünktlich ihr Geld.

Ich besuchte sie regelmässig, fast jede Woche. Ich brachte eine teure Flasche Wein mit, und sie kochten ein mehrgängiges Menu.

An einem solchen Abend sagte Annelies Smith plötzlich:

«Claudius, ich glaube, jetzt wissen wir endlich, wer du wirklich bist.»
Mich schauderte es.

«Wie meinst du das, ihr wisst jetzt, wer ich bin?»
Ich konnte nicht glauben, dass sie dahinter gekommen waren. Wie denn? Sie, die so an mich glaubten. Hatten sie wegen dieser Hotelkette recherchiert? Würde ich ausgerechnet von jemandem verraten, der von mir profitierte, der monatlich 8000 Franken kassierte und dafür nichts tun musste?
«Claudius», sagte Annelies sehr geheimnisvoll und machte eine lange Kunstpause. «Claudius, wir sind überzeugt, dass dieser Name nur ein Name ist.»
Ich bekam es mit der Angst zu tun. Obwohl ich noch immer nicht glauben konnte, dass ausgerechnet die Smiths …
Annelies starrte mich an. Wir schwiegen. Diese Stille hatte etwas Unheimliches an sich. Keine Lampe brannte, nur ein paar Kerzen flackerten auf dem Tisch, erhellten die Gesichter, verliehen ihnen etwas Dämonisches.
Dann sagte Annelies:
«Claudius, du bist Jesus, der moderne Jesus!»
Entweder machten sie sich lustig über mich, oder irgendetwas musste mit ihnen passiert sein. Dass sie mich gut fanden, dass sie mich ein Stück weit sogar verehrten, das wusste ich. Aber was sollte dieser Unsinn mit Jesus?
«Weisst du, Claudius, du tust soviel Gutes, du vollbringst Wunder. Du hast meiner Schwester Regula geholfen, indem du sie als Sekretärin angestellt hast. Du hast sie in eine andere Welt geholt, sie ist auf den rechten Weg zurückgekommen. Du hilfst uns, du gibst uns Kraft, du gibst uns Geld, damit wir überleben, obwohl wir nicht zu arbeiten brauchen. Du prüfst uns damit, ob wir dieser Versuchung widerstehen können. Ob wir das Geld sparen für schlechte Tage oder ob wir es verschwenderisch ausgeben und einem unmoralischen Leben frönen.»
Ich war sprachlos. Ich hatte schon viel Unsinn gehört, aber das überstieg nun wirklich alles.

Doch ich schwieg. Ich hatte keine Lust, mit ihnen zu diskutieren. Wenn sie diesen Quatsch tatsächlich glaubten, dann war das ihre Sache, dann wären sie auch nie davon abzubringen gewesen. Ich fühlte mich nicht schuldig deswegen, schliesslich hatte ich niemals etwas in diese Richtung gesagt. Natürlich hatten wir über Religion und über Gott gesprochen, meine Begabung zum Prediger war wieder einmal deutlich geworden, aber so etwas, nein, das wäre selbst mir nie in den Sinn gekommen.

Aber ich genoss es. Ich fühlte mich geehrt, geschmeichelt. Als ich mit dem Taxi vom Unterland zurück nach Adelboden fuhr, Ueli von Allmen hatte den ganzen Abend in einem Restaurant auf mich gewartet, dachte ich darüber nach, wie verrückt, wie gutgläubig viele Menschen doch waren. Ich dachte darüber nach, dass ich eine Sekte hätte gründen, dass ich die Leute hätte überzeugen können, dass sie für mich gearbeitet, Geld gesammelt hätten, dass sie mich verehrt und bewundert, mich angebetet hätten wie einen Guru, wie einen Gott.

Ich hätte ihre Seelen verkauft und wäre im Handumdrehen Millionär geworden. Wie so viele Sektenführer vor mir. Ich zweifelte keinen Moment daran, dass mir das gelungen wäre. Alles war möglich. Ich weiss zwar nicht warum, aber irgend etwas muss an mir sein, das die Leute so gutgläubig macht.

Meine sanfte Stimme, meine treuen Augen, meine Väterlichkeit ...

Die Fahrt von Bern zurück nach Adelboden dauerte eine Ewigkeit. Ueli von Allmens Taxi quälte sich mühsam durch die Kurven. Manchmal hatte ich Schiss, dass die Karre den Geist aufgeben und wir mitten in der Nacht stehen bleiben würden.

Ich lächelte. Begreifen konnte ich das alles selber nicht. Was hätte ich alles anstellen können! Aber ich hatte keine Lust mehr. Das wäre nicht ich gewesen. Ich war am liebsten zu Hause bei meiner Frau und bei Martin. Unser Leben hatte sich nicht geändert, auch wenn wir jetzt wieder viel Geld hatten. Ursula konnte nichts damit anfangen. Ab und zu gingen wir auswärts essen. Ausser meinen langen Taxifahrten und den teuren Weinen war das der einzige Luxus, den wir uns gönnten. Wenn wir zusammen etwas unternahmen, dann gingen wir spazieren, picknickten, tranken vielleicht einen Kaffee und assen ein Stück Kuchen, das war alles. Wir kauften keinen teuren Schmuck, keine wertvollen Uhren, keine schönen Kleider. Ich war auch in Rollkragenpullovern zufrieden.

Als ich mit Ueli von Allmen endlich beim Chalet «Tusculum» ankam, sagte ich ihm, er solle sich ein neues Taxi kaufen. Ich würde es ihm bezahlen, da ich ja sein bester Kunde sei. Einzige Bedingung: es müsse ein Kombi sein, damit ich meinen Hund Mani gut unterbringen könne.

Ich stieg aus und knallte die Autotüre zu. Langsam ging ich die paar Stufen hinauf zum Eingang.

«Ich bin Jesus!» sagte ich vor mich hin und musste schallend lachen.

Im Frühling 1987 kam Martin in den Kindergarten. Das gab einige Diskussionen mit der Behörde, weil wir kein Familienbüchlein hatten. Ursula und Martin waren immer noch in Bümpliz angemeldet, und ich hatte ja keine Schriften und konnte mich nicht ausweisen. Trotzdem war die Einschulung problemlos. Ich erzählte der Kindergartenkommissionspräsidentin, dass meine Schriften in Costa Rica seien. Ich baue dort ein Heim für verlorene, vertriebene und missbrauchte Kinder. Das sei ein Riesenprojekt, und ich müsste immer wieder dorthin.

Sie glaubte mir und nahm Martin in den Kindergarten auf. Ein Jahr später, als Martin in die Schule kam, hatten wir das gleiche Theater noch einmal, diesmal mit dem Schulkommissionspräsidenten. Auch er glaubte mir.

Auf die Costa-Rica-Idee hatte mich Ernst Wenger gebracht. Bei einem Besuch in Adelboden, er hatte mir gerade wieder eine Menge Geld von Kunden gebracht, riet er mir, nach Costa Rica auszuwandern. Er kenne dort jemanden, der in Saus und Braus lebe und sich keine Sorgen machen müsse. Mit ein bisschen Geld bist du dort der König, hatte er gesagt. Aber was sollte ich denn in Costa Rica? Ich war doch hier zu Hause.

Ausserdem hätte ich einen Pass gebraucht. Einen Pass fälschen zu lassen kam aber nicht in Frage. Das hätte ich nicht gekonnt.

Auch jetzt nicht. Trotz meiner Straftaten verstand ich mich nie als Verbrecher. Falsche Pässe gibt es in Krimis, aber nicht im Leben. Nicht in meinem Leben. So viel Ehre hatte ich doch noch.
Die Zeit verging, und bald musste ich mir wieder etwas einfallen lassen, um zu verhindern, dass meine Adelbodner Grosskunden nervös wurden. Schliesslich wollten sie ja einen Gewinn aus ihrer Geldanlage ziehen. Ich hatte keine Lust, Geld hin- und herzuschieben. Das war mir schon damals in Lengnau zu mühsam geworden. Da musste man eine Buchhaltung führen und genau aufschreiben, wem man wann wieviel zurückbezahlt hatte. Ich wollte meine kostbare Zeit nicht mit solchen Dingen verschwenden.
Ich war ein guter Kunde im Sportgeschäft «Van Dook Sport». Ich kaufte dort alle meine Rollkragenpullover. Meistens bediente mich der Inhaber selbst, Werner van Dook, ein gebürtiger Holländer. Wir hatten zwar schon über Doktor Moser und den Geheimcode gesprochen, aber zu einem «Geschäftsabschluss» war es bisher noch nicht gekommen.
«Wie läuft es so?»
«Danke, ich bin zufrieden. Aber Sie wissen ja, Herr Doktor Alder, es könnte besser sein. Wir Geschäftsleute haben es nicht einfach.»
Es nervte mich, dass er schon wieder jammerte, dabei hätte er seinen Laden vergolden können. Doch ich blieb ganz freundlich.
«Sie müssten sich keine grossen Sorgen machen. Ich habe Ihnen ja schon einmal erzählt, wie man sein Geld anlegen kann!»
«Sie meinen dieses Code-System?»
«Ja, ich könnte Ihnen ein gutes Angebot machen.»
Er bat mich nach hinten in sein Büro. Wir setzten uns, und ich faltete meine Hände.
«Die Chemie Schweiz AG sucht einen Partner in der Sportbranche. Wissen Sie, innerhalb der Firma gibt es verschiedene Sportklubs der Mitarbeiter. Einen Fussballklub, einen Skiklub, einen Veloklub undsoweiter. Die Chemie Schweiz AG ist ein sehr grosszügiges Unternehmen und stellt ihren Mitarbeitern die Sportgeräte und die Sportbekleidung gratis zur Verfügung. Das kostet jedes Jahr Millionen. Aber dieses Geld ist gut investiert,

sagte Doktor Moser an der letzten Verwaltungsratssitzung, eine Firma wie die Chemie Schweiz AG braucht gesunde und motivierte Mitarbeiter. Sie wissen ja, Herr van Dook, ein gesunder Körper braucht einen gesunden Geist. Danach haben doch schon die alten Griechen gelebt, nicht wahr?»
Er nickte kurz und rutschte nervös auf seinem Stuhl herum.
«Nun, Herr Doktor Moser hat vorgeschlagen, mit einem Sporthändler einen Vertrag abzuschliessen, der uns ermöglichen würde, die Sportgeräte zu einem günstigeren Preis einzukaufen. Als Gegenleistung würde sich die Chemie Schweiz AG verpflichten, nur noch bei diesem Händler zu kaufen. Das sind natürlich Waren im Wert von mehreren Millionen Franken. Da ich ja auch im Verwaltungsrat der Chemie Schweiz AG sitze, habe ich sofort an Sie gedacht. Das wäre doch etwas für Sie. Mit einem solchen Sportmonopol, so nennen wir das, würde sich Ihr Umsatz um ein Vielfaches vermehren. Sie müssten sich keine Sorgen mehr machen. Herr Doktor Moser hat das eine fabelhafte Idee gefunden, vor allem weil Sie ja schon einmal Interesse an der Chemie Schweiz AG gezeigt haben. Wir würden Ihnen das Sportmonopol sehr gerne verkaufen. Über den Preis könnten wir uns sicher einigen. Wir dachten da an etwa 400'000 Franken.»
Er fühle sich sehr geehrt, natürlich würde ihn das interessieren, sagte er. Ich stand auf, er solle sich das zuerst in aller Ruhe überlegen, er könne mich demnächst anrufen.
Sein Anruf kam bereits am nächsten Tag.
«Und, was meinen Sie, Herr van Dook?»
«Natürlich bin ich sehr interessiert. Ich habe dieses Geschäft auch mit meinem Bankverwalter besprochen. Er hat vorgeschlagen, dass wir alle zusammen mal an einen Tisch sitzen und das besprechen. Nicht, dass ich Ihnen misstrauen würde, nein, Sie dürfen mich jetzt nicht falsch verstehen, Herr Doktor Alder, aber wissen Sie, ich kenne den Bankverwalter schon seit Jahren, und es wäre unfair, ein solches Geschäft ohne ihn zu tätigen. Ich hoffe wirklich, dass Sie das nicht stört und Sie nicht beleidigt sind.»
Er schmierte mir noch eine ganze Weile Honig um den Mund, ich schluckte leer und sagte schliesslich zu. Wir machten ab, uns bei mir im Chalet «Tusculum» zu treffen.

Ich hatte keine andere Wahl. Würde das nun das Ende sein? Ich konnte mir nicht vorstellen, dass ich einem Bänkeler etwas vormachen konnte. Obwohl – damals in Lengnau, da hatte ich ja auch schon mit Banken zu tun gehabt.

Ich liess beim Drucker Huber in Bümpliz auf Sicherheitspapier eine Urkunde herstellen, die Herrn Van Dook als Besitzer des «Sportmonopols» der Chemie Schweiz AG auszeichnete. Das Papier unterschrieb ich wieder mit Finanzdirektor Doktor W. Moser und Aktuar E. Pfister.

Werner van Dook kam pünktlich. Im Schlepptau hatte er den Bankverwalter. Ein schmächtiges Männlein im Nadelstreifenanzug. Er war Chef einer kleinen Bankfiliale.

Ich bat sie herein, Ursula servierte Kaffee, und ich zeigte ihnen die Sportmonopol-Urkunde. Sie studierten sie ziemlich lange.

«Also, Herr van Dook, das wäre dieses Monopol», sagte ich, nachdem sie das Papier gelesen hatten. «Ich möchte Sie nicht zu diesem Geschäft drängen, wirklich nicht. Wissen Sie, ich persönlich habe nichts davon. Ich sitze einfach im Verwaltungsrat der Chemie Schweiz AG und habe an Sie gedacht, als es um dieses Monopol ging. Selbstverständlich kann die Chemie Schweiz AG auch mit einem anderen Sporthändler ins Geschäft kommen. Herr Doktor Moser hat viele Beziehungen. Aber er war sehr angetan von meiner Idee, weil er es äusserst positiv findet, dass man auch mit den kleinen Händlern wirtschaftet und nicht nur mit den Multis. Um die Wirtschaft zu fördern, brauche es die Kraft der Kleinen, eine Vielzahl von starken Unternehmern.»

Der Bankverwalter meldete sich zu Wort. «Wäre es möglich, Herr Doktor Alder, dass wir Herrn Doktor Moser einmal kennenlernen könnten?» Sein Stimme klang sehr tief und verraucht.

Ich schüttelte langsam den Kopf. «Ich glaube, das dürfte sehr schwierig sein. Herr Doktor Moser ist viel unterwegs. Ich glaube nicht, dass er wegen diesem Sportmonopol ins Berner Oberland fahren kann. Nein, das ist unmöglich. Wenn Sie darauf bestehen, dann müssen wir die Sache vergessen ...»

«Oh nein, das war nur so eine Idee», sagte der Verwalter sofort. «Ich glaube, mein Klient, Herr van Dook, sollte sich dieses Geschäft nicht entgehen lassen.»

Ich atmete auf. Auch der Bankverwalter glaubte meine Geschichte. Das war mir zwar ein Rätsel, aber ich hatte mich inzwischen an so viele Rätsel gewöhnt.

«Es würde mich freuen, Herr van Dook», sagte ich. «Ich habe Ihnen gesagt, das Sportmonopol koste 400'000 Franken. Wir können es auch für 380'000 Franken geben, um Ihnen zu beweisen, dass wir Ihnen wirklich Vertrauen schenken.»

Werner van Dook strahlte wie ein kleiner Junge unter dem Weihnachtsbaum, nahm ein Köfferchen hervor und zahlte. 380'000 Franken in bar, in neuen Tausendernoten.

Wir plauderten noch ein bisschen, und Werner van Dook kam wieder ins Jammern. Auch der Bankverwalter stimmte in das traurige Lied mit ein.

«Wissen Sie, Herr Doktor Alder, es ist schwierig, eine solche Bankfiliale über Wasser zu halten. Das macht nicht immer Spass. Manchmal fehlt halt auch die Herausforderung, an grossen Bankgeschäften beteiligt zu sein.»

«Wie meinen Sie denn das?» Ich kapierte nicht recht, worauf er hinaus wollte.

«Sehen Sie, Sie haben doch gute Beziehungen zur Hochfinanz. Sie quälen sich nicht mit Alterssparbüchlein herum. Bei Ihnen geht es um Millionen und Milliarden, Sie haben viel mehr Möglichkeiten. Wissen Sie, ich will mich nicht beklagen, aber das ist es, was ich vermisse an meiner Arbeit.»

Jetzt verstand ich, was er wollte. Ich verstand auch, weshalb er mich unbedingt hatte sehen wollen, weshalb wir dieses ganze Theater gespielt hatten. Er wollte einen Job bei der Chemie Schweiz AG. So einfach war das.

Ich setzte mein charmantestes Lächeln auf. Wenn sie spielen wollten – bitte, das konnten sie haben.

«Ich verstehe Sie doch ausgezeichnet, mir müssen Sie nichts sagen. Stellen Sie sich vor, als ich ein junger Psychologe war, da hatte ich es nur mit Selbstmordkandidaten und Alkoholikern zu tun. Ich kann Ihnen sagen, das wird doch langweilig mit der Zeit. Da fehlt einem doch die Herausforderung! Aber jetzt, da ich neben meiner Arbeit im Inselspital auch noch an der Universität unterrichte, bin ich wieder richtig glücklich in meinem Beruf.

Man braucht ab und zu eine neue Chance.»
«Sie sagen es, Herr Doktor Alder. Eine neue Chance ...»
«Es ist gut, dass Sie mir das erzählt haben. In der Chemiebranche werden immer wieder gute Leute gesucht. Ich werde an Sie denken, wenn Herr Doktor Moser wieder einmal einen Top-Manager sucht. Ich werde Ihren Namen geschickt ins Spiel bringen. Sie haben ja bei Herrn van Dook gesehen, dass mein Einfluss auf Herrn Doktor Moser nicht gering ist.»
Das Männlein strahlte übers ganze Gesicht. Zusammen mit Werner van Dook zottelte er glücklich davon.
Ich schloss die Türe, warf einen Blick in den grossen Spiegel im Eingang und hätte kotzen können.

Ich ging zu Ursula und nahm sie in die Arme.
«Für was brauchen wir eigentlich das viele Geld?»
Die Frage kam unerwartet. Bisher hatte sich Ursula nicht um meine Geschäfte gekümmert. Ich hatte ihr zwar immer wieder erklärt, was ich tat, aber das hatte sie nie gross interessiert. Seit Martin in den Kindergarten ging, hatten wir wieder viel mehr Zeit füreinander, und das genossen wir. Wir gingen zusammen einkaufen, manchmal gingen wir auch, nachdem wir Martin zum Kindergarten begleitet hatten, nochmals ins Bett und blieben bis zum Mittag liegen. Am Nachmittag gingen wir spazieren, Martin war natürlich dabei, wenn er frei hatte, und abends sassen wir meistens in der Küche unseres Chalets und diskutierten. Wir redeten über alles mögliche. Oft auch über ein zweites Kind. Wir wünschten es uns beide, aber wir wussten auch, was das bedeuten würde. Was würde passieren, wenn sie mich doch noch erwischten und ich in den Knast musste?
Ursula wusste, dass ich nicht gerne über das drohende Gefängnis sprach. Genauso wie ich wusste, dass sie nicht gerne über meine Geschäfte redete. Deshalb wunderte ich mich, weshalb sie jetzt damit anfing.
«Wir brauchen das Geld doch nicht, Ursula!»
«Aber wieso machst du denn das alles?»
Wieso? Weil ich ein grosser Idiot war. Hätte ich mich nicht als

barmherziger Samariter und als Robin Hood aufgespielt und irgendwelchen Leuten das Leben vergoldet – Ueli von Allmen hatte sich in der Zwischenzeit ein knapp 100'000fränkiges Mercedes-Taxi gekauft, das selbstverständlich ich bezahlt hatte, dann hätte ich auch nicht solch hohe Beträge hereinholen müssen. Ursula, Martin und ich hätten genau dasselbe Leben führen können, denn für uns benötigten wir praktisch kein Geld. Ursula verstand es, aus nichts ein herrliches Essen zu kochen, Kleider kauften wir selten, und Schmuck oder ein Auto oder teure Ferien brauchten wir nicht. Wir waren mit wenig zufrieden, nein, wir waren sogar glücklich. Wir waren glücklich, dass wir uns hatten.
«Päpu, wieso machst du das?»
«Für Doktor Moser!»
«Kannst du ihm nicht einmal sagen, dass du damit aufhören möchtest? Lade ihn einmal ein, dann kann er sehen, wie wir leben!»
«Ursula, das geht nicht, er ist immer unterwegs.»
«Der wird doch sicher auch einmal frei haben.»
«Ich weiss nicht. Er ist wirklich sehr viel unterwegs ...»
«Wie alt ist er überhaupt?»
«Ich weiss nicht genau. So um die 55, 60.»
«Und wie sieht er aus?»
Das hatte ich mir noch nie überlegt. Natürlich hatte Doktor Moser in meiner Vorstellung ein Gesicht. Wenn ich von ihm erzählte, hatte ich ihn ganz genau vor mir. Aber danach gefragt hatte mich noch niemand.
«Er ist sehr gross und schlank. Er hat ein kantiges Gesicht und ganz weisse Haare.»
Ursula schwieg, und wir umarmten uns wieder.
«Wieso möchtest du das alles wissen?»
«Es interessiert mich einfach.»
«Ursula, was ist wirklich der Grund?»
Ich wusste, dass irgend etwas mit ihr los war.
Es war schon spät. Ich war müde. Trotzdem wollte ich wissen, was sie hatte. Wir konnten über alles reden. Es war das erste Mal, dass sie blockte.
Sie liess mich los und ging ins Schlafzimmer. Ich warf einen

Blick in Martins Zimmer. Er schlief friedlich. Ich schloss die Türe, löschte das Licht in der Küche und ging zu Ursula. Sie lag auf dem Bett und schluchzte.
«Was ist denn los?»
Sie drehte sich zu mir um, nahm die Brille ab und wischte sich die Tränen aus den Augen.
«Ich kann dieses Geld nicht mehr sehen!»
Sie stand auf, ging ins Bad und kam mit einem Taschentuch zurück.
«Da kommen irgendwelche Leute und bringen uns ganze Koffer voller Geld ...» Sie schneuzte sich kräftig. «Das ist doch wahnsinnig. Ich habe in meinem ganzen Leben noch nie soviel Geld gesehen!»
Ich antwortete nichts darauf. Sie hatte recht. Aber ich konnte nicht mehr zurück. Deshalb war ich froh, dass ich meine Kunden, den Weinhändler, den Metzger, den Bauunternehmer, mit «Monopolen» und Verwaltungsratsmandaten abspeisen konnte und ihnen kein Geld zurückbezahlen musste. Sonst hätte ich nämlich gleich eine Bank aufmachen können. Aber seit ich dem Sportartikelhändler Werner van Dook ein Sportmonopol der Chemie Schweiz AG verkauft hatte, musste ich keinen Rappen mehr zurückbezahlen. Ich hatte einen neuen Trick gefunden. Dem Weinhändler Fritz Grosspeter hatte ich einen Verwaltungsratssitz bei Mercedes verkauft. Später übergab ich ihm und seinem Schwiegersohn, als sie das Hotel «Alpenrose» in Adelboden kaufen wollten, für rund 200'000 Franken ein «Hotelmonopol». Damit verpflichtete sich die Chemie Schweiz AG, das Hotel das ganze Jahr hindurch zu belegen. Dem Architekten Urs Matthys verkaufte ich ein «Baumonopol» – wann immer die Chemie Schweiz AG in der Schweiz etwas bauen würde, Urs Matthys wäre der Architekt. Meine Kunden kauften diese Monopole mit Freude und witterten das grosse Geld. Wenn sie nachfragten, wann jetzt endlich die Hotelgäste der Chemie Schweiz AG kommen würden, wann endlich die Chemie Schweiz AG zu bauen anfange, konnte ich die Leute immer vertrösten. Das hatte ich schon immer gut gekonnt. Manchmal kamen meine Kunden in finanzielle Schwierigkeiten, weil sie ihr ganzes Geld bei mir

abgeladen hatten, dann konnte ich ihnen jedesmal grosszügig mitteilen, jetzt komme dann der ganz grosse Auftrag der Chemie Schweiz AG, und um diese Zeit zu überbrücken, könne ich ihnen natürlich etwas Geld geben.
«Ursula, das viele Geld muss uns nicht stören. Wenn du willst, kann ich meine Geschäfte auch auswärts machen.»
«Nein, nein, das ist nicht nötig. Es ist einfach so ungewohnt für mich. Weisst du, ich hatte nie viel Geld, ich war immer arm.»
«Ja. Aber du weisst auch, dass ich ebenso armselig aufgewachsen bin. Ich tue das nur für Doktor Moser ...»
Ich hasste es, sie anlügen zu müssen. Ich hasste es vor allem, weil es nicht nötig gewesen wäre. Unsere Beziehung war so tief, nichts hätte uns mehr auseinandergebracht. Ursula hätte mich nicht verlassen, auch wenn sie die ganze Wahrheit gewusst hätte. Auch wenn ich in den Knast käme, Ursula würde zu mir halten. Davon war ich überzeugt. Wir würden immer zusammenbleiben. Wir führten zusammen ein Leben.
Trotzdem log ich. Ich brachte es einfach nicht fertig, mich selbst bei der Polizei zu stellen, obwohl ich jetzt oft darüber nachdachte. Bald würde ich sowieso im Gefängnis landen. Das war mir ganz klar. Aber ich wollte die Zeit, die mir noch blieb, mit meiner Familie geniessen, mit Ursula, mit Martin und ...
Wir sprachen an diesem Abend kein Wort mehr. Wir zogen uns aus und liebten uns die halbe Nacht. Wir waren noch nie so nah beieinander gewesen.

Am 25. August 1987 wurde unsere Melanie geboren. Sie war das schönste Bébé und ich der glücklichste Mann der Welt.
Natürlich hatte ich einen Krampf mit der Vaterschaft. Ich konnte unmöglich offiziell der Vater dieses Kindes sein, weil ich keine Papiere besass und ein flüchtiger Sträfling war. Ich wäre sofort aufgeflogen. Deshalb organisierte ich einen alten Knast-Kumpel, den ich in Witzwil kennengelernt hatte.
Seit seiner Freilassung lebte er von meinem Geld. Ich gab ihm jeden Monat ein paar tausend Franken. Er hatte niemanden draussen in der Freiheit, er war ein armer Hund und tat mir leid.

Ich hoffte, er würde nicht wieder auf die schiefe Bahn geraten, wenn ich ihm Geld gab. Ich hatte ja genug.
Er tat mir den Gefallen, übernahm die Vaterschaft des Kindes und unterschrieb das amtliche Papier, das ihn zum Vater machte. Ursula bekam das nicht richtig mit. Sie war mit den Geburtsvorbereitungen und später mit Melanie zu sehr beschäftigt, um sich auch noch über das Vaterschaftsproblem Gedanken zu machen. Es tat mir weh, nicht der Vater unseres Kindes sein zu dürfen. Allerdings war ich viel zu glücklich, um mich davon verrückt machen zu lassen.
Ein ganz anderer Umstand machte mir mehr zu schaffen: Zwei Wochen vor Melanies Geburt war ich von der Kriminalkammer des Kantons Bern zu sechseinhalb Jahren Zuchthaus verurteilt worden. Sechseinhalb Jahre – das empfand ich nun doch als etwas happig. Auch Ursula war entsetzt, vor allem weil sie immer noch glaubte, dass ich unschuldig sei.
Noch mehr beschäftigte mich die Frage, für wieviele Jahre ich ins Gefängnis musste, wenn sie mich fänden und auskommen würde, dass ich auch die Adelbodner betrogen hatte? 10 Jahre, 12 Jahre, noch länger? Würde Ursula wirklich auf mich warten?
Von meiner Verurteilung, auf die ich während meiner Zürcher Zeit immer gewartet hatte, erfuhr ich aus der Zeitung. «Zuchthaus für den ehemaligen Lengnauer Fürsorger», titelte die Berner Zeitung. Im Artikel stand: «Der Prozess gegen Hanspeter Streit verlief anders, als solche Verfahren – Streit waren über 240 Betrügereien und sechs Veruntreuungen zur Last gelegt worden – gewöhnlich zu verlaufen pflegen. Das Beweisverfahren, das in solchen Riesenprozessen Stunden, wenn nicht Tage oder gar Wochen in Anspruch nimmt, dauerte eine knappe Minute. Der Grund: Hanspeter Streit, der ein lückenloses Geständnis abgelegt hatte, ist am 7. November 1984 aus dem vorzeitigen Strafvollzug in der Strafanstalt Witzwil geflüchtet, und seither fehlt jede Spur von ihm.»
Seither fehlt jede Spur ... Das beruhigte mich. Die Polizei tappte offenbar im dunkeln, vielleicht hatte sie mich schon aufgegeben, vielleicht dachte sie, ich hätte mich umgebracht. Denn auch in der TV-Sendung «Aktenzeichen: XY ... ungelöst», die ich noch

nie verpasst hatte, war ich nie erwähnt worden. Ich las weiter. Ich war gespannt, ob die Doktor-Moser-Geschichte nochmals aufgerollt würde. Aber da stand lediglich etwas über einen «Chemieboss», der «Streit Dankbarkeit schulde und ihm Zugang zu einer einzigartigen Anlagemöglichkeit verschafft habe». Und weiter: «Bei Streit gaben sich die Interessenten die Türklinke in die Hand. Vom Gemeindepräsidenten bis zum finanziell Ruinierten, der noch einen letzten Kredit hatte ergattern können, liefen alle hinter dem vermeintlichen Goldesel her. Mehr als 5 Millionen Franken ergaunerte so der Fürsorger – bis die Bombe platzte.»
Ich musste lachen. Der Autor dieses Artikels versuchte möglichst objektiv zu berichten, aber er konnte es nicht lassen, zwischen den Zeilen auch ein wenig Schadenfreude mitschwingen zu lassen. Wenn er wüsste, dass ich jetzt in Adelboden war und auf noch dreistere Art die Leute betrog!
Im letzten Abschnitt kam der Journalist auf den Prozess zurück: «Bei der Strafzumessung wog schwer das krasse Verschulden, der Missbrauch von Vertrauen und Zuneigung, aber auch des Ansehens, das mit seinem Amt verbunden war. Strafmildernd wurde das Ergebnis der psychiatrischen Begutachtung gewürdigt.» Das musste damals in Münsingen erstellt worden sein, als ich während der Untersuchungshaft wegen Selbstmordgefahr für 10 Tage in die Psychiatrische Klinik gesteckt worden war. «Die schwere Jugend des Schuldigen», stand weiter in der Zeitung, «hatte zu einer neurotischen Fehlentwicklung mit starken Minderwertigkeitsgefühlen geführt, was ihn dazu führte, sich Liebe und Anerkennung zu erkaufen.»
Vermutlich hatten die Psychiater mit dieser Diagnose sogar recht. Ich hatte mir Liebe und Anerkennung tatsächlich erkauft. Aber darüber war ich hinweg. Seit ich Ursula kannte, war ich ein anderer Mensch. Ich musste längst nicht mehr von allen geliebt werden, Ursulas Liebe reichte mir. Dass ich trotzdem Geld verschenkte, hatte ganz andere Gründe: Ich wollte andere Leute, die es schwer im Leben hatten, die es nie richtig gepackt hatten, glücklich machen, ihnen wenigstens die finanziellen Sorgen abnehmen. Ich fühlte mich als privater Fürsorger.

Ich erfüllte eine Mission. Die Geldgierigen zog ich über den Tisch, die Armen beschenkte ich.

Ursula musste nach der Geburt noch ein paar Tage im Spital bleiben. In dieser Zeit ging ich viel mit Mani, der inzwischen ein stattlicher Bernhardiner geworden war, spazieren. Ich kraxelte mit ihm die Berge hoch.

Mani rannte weit voraus. Ich versuchte ihm nachzurennen, doch ich hatte plötzlich Mühe zu atmen und schnappte nach Luft. Ich musste mich auf einen Stein setzen. War das das Alter? Ich war doch erst 40 Jahre alt! Rauchte ich zuviel? Oder war ich einfach zu dick? Früher war ich schlank gewesen, aber jetzt hatte ich einen richtigen Bauch, einen Ranzen.

Ich sass da, zog die frische Luft tief in die Lungen. Langsam erholte ich mich. Ich genoss die herrliche Berglandschaft und dachte über mein Leben nach. Ich freute mich über Melanie, über unsere ganze Familie. Aber ich machte mir auch Sorgen. Sechseinhalb Jahre Zuchthaus! Meine Flucht und meine Betrügereien in Bümpliz und in Adelboden nicht mitgerechnet. Sicher belief sich die neue Deliktsumme schon auf mehrere Millionen Franken, ich wusste es nicht genau, ich hatte das ganze Geld nie zusammengezählt. Und wer weiss, was noch alles kommen würde …

Mani trottete zu mir, legte seine Schnauze auf mein Bein, ich redete mit ihm. Er war der einzige, der wirklich alles wusste. Er war ein noch besserer Zuhörer als ich.

Ich holte mit ihm Ursula und Melanie vom Spital ab. Mani ging zum Kinderwagen, steckte seine Schnauze in den Wagen, schleckte die Kleine ab und wedelte mit dem Schwanz. Zu Hause lag er stundenlang vor ihrem Bettchen. Er verliess diesen Platz nur, wenn er sein Fressen bekam oder wenn ich ihn zu einem Spaziergang rief.

Mani war mein bester, mein einziger Freund.

Viele wären gerne meine besten Freunde gewesen. Einer, der sich immer wieder darum bemühte, war Metzgermeister Joseph Storrer, ein kleiner, untersetzter Mann mit übergrossen Händen.

Man nannte ihn Sepp, obwohl er sich immer als Joseph vorstellte. Als ich eines Tages bei ihm im Laden stand, rief er mich aufgeregt nach hinten.
Ich sei ein ganz komischer Vogel, sagte er lachend. Warum ich ihm das nicht gesagt habe, ob ich kein Vertrauen zu ihm habe, fragte er mich. Ich wusste nicht, wovon er sprach. Ich befürchtete Schlimmes, bekam wieder Atemnot.

«Weshalb hast du mir nie erzählt, dass du Nationalrat gewesen bist?»
Ich versuchte tief durchzuatmen, brachte aber kein Wort heraus. Joseph, Sepp, Storrer bohrte weiter.
«Ich habe vor kurzem etwas über dich in der Zeitung gelesen. Du wurdest für deine politische Arbeit gewürdigt. Schade, dass du nicht mehr im Nationalrat bist. Du hättest sicher auch für uns Adelbodner in Bern viel erreichen können.»
Ich kombinierte blitzschnell. Der richtige Claudius Alder, den es ja tatsächlich gab, den ich ja kannte, zu dem mich Gerda nach meinem Ehebruch geschleppt hatte, dieser Claudius Alder musste Nationalrat gewesen sein. Wenn die Zeitung nun ein Bild von diesem echten Claudius Alder gedruckt hatte, war ich geliefert. Wusste Storrer, dass ich nicht Claudius Alder war?
Unmöglich. Ich konnte mir nicht vorstellen, dass mich Sepp so scheinheilig anlog. Dazu war der zu wenig clever.
«Oh ja, das war einmal», sagte ich. «Aber ich wollte das niemandem erzählen. Man braucht doch nicht alles gleich an die grosse Glocke zu hängen.»
«Politisch tätig zu sein, ist doch keine Schande. Ich finde, unser Land bräuchte mehr Leute wie dich. Da würde nicht so viel Mist gebaut! Unsere ganze Wirtschaft geht doch vor die Hunde ...»
«Weisst du, da kann man auch als Nationalrat nicht viel verändern.» Ich unterbrach ihn, bevor er zu einem politischen Höhenflug abhob. Jedenfalls konnte ich beruhigt sein: Er glaubte wirklich, dass ich Claudius Alder war.
Joseph Storrer brachte die Neuigkeit schnell unter die Leute. Bald wusste das ganze Dorf, dass ich einmal Nationalrat gewesen

war, und mein Ansehen wurde noch grösser. In Lengnau hätte mich das gefreut, jetzt aber fühlte ich mich unwohl.
Der Dorfklatsch ging mir je länger je mehr auf die Nerven. Auch wenn es dabei nicht nur um mich ging. Ich hielt es lange nicht für möglich, wie die Leute miteinander umgingen. Auf den ersten Blick waren alle sehr freundlich miteinander, aber hintenherum wurde bös, hämisch und gemein geredet. Erst mit der Zeit kapierte ich, dass nicht nur ich eine Rolle in diesem Theater spielte, sondern dass jeder eine Figur darstellte, ganz Adelboden eine einzige riesige Kulisse war. Jeremias Gotthelfs Bücher hatte ich in der Schule gelesen, hier waren seine Geschichten Realität. Dass ich die Hauptrolle in diesem Drama spielte, begann mich zu belasten.
Ich wollte nicht mehr bekannt sein, ich sehnte mich danach, zusammen mit meiner Familie ein ruhiges, zurückgezogenes Leben zu führen. Ausserdem hatte ich Angst, dass bei solcher Popularität meine wirkliche Identität viel zu schnell aufgedeckt würde. Vor allem fragte ich mich schon lange, weshalb die Behörden nicht auf mich zukamen. Schliesslich war ich nirgendwo angemeldet und zahlte keinen Rappen Steuern.
Es dauerte noch ein paar Wochen, dann war es soweit. Der Verkehrsverein Adelboden schickte mir ein vorgedrucktes Formular. Es ging aber lediglich um die Kurtaxe.
Ich marschierte mit dem Papier sofort zum Verkehrsbüro und entschuldigte mich: Ich habe geglaubt, dass die Kurtaxe im Mietzins des Chalets inbegriffen sei und ich mich nicht selbst darum kümmern müsse. Die Schalterbeamtin klärte mich auf, ich zückte das Portemonnaie und fragte nach dem Betrag, den ich rückwirkend auf zwei Jahre, so lange wohnten wir nun schon in Adelboden, bezahlen musste. Es machte einige hundert Franken.
Beim Hinausgehen zählte ich die Rechnung nach und bemerkte, dass die Dame vom Verkehrsbüro falsch addiert hatte. Zu ihren Ungunsten. Ich ging sofort zurück, machte sie darauf aufmerksam und zahlte weitere hundert Franken nach.
Doch ich wusste, dass meine Tage gezählt waren. Wenn jetzt das Verkehrsbüro reagiert hatte, würde es nicht mehr lange dauern, bis sich die Gemeinde für mich interessieren würde.

Es vergingen mehrere Wochen.
Dann kam wieder ein vorgedrucktes Formular. Absender war diesmal die Gemeinde Adelboden. Es ging darum, dass ich mich seit mehr als zehn Tagen in Adelboden aufhielt und deshalb die Schriften bei der Gemeinde deponieren sollte. Mehr als zehn Tage! Ich war schon über zwei Jahre hier.
Ich ging sofort zur Gemeinde.
Am Schalter war eine junge, hübsche Frau mit einer frechen Kurzhaarfrisur.
«Guten Tag, ich bin Herr Alder. Sie haben mir hier ein Formular geschickt, eine Aufforderung, meine Schriften auf der Gemeinde zu deponieren. Das ist vermutlich ein Missverständnis.»
Ich übergab dem Fräulein das Schriftstück. Sie studierte es aufmerksam.
«Wissen Sie, Fräulein, ich bin hier in Adelboden nur Gast. Ich halte mich zwar sehr oft in Ihrem schönen Dorf auf, nicht nur am Wochenende, denn ich habe eine unregelmässige Arbeitszeit. Aber Adelboden ist natürlich nicht mein fester Wohnsitz.»
Sie brütete noch immer über dem Papier.
«Ich fühle mich hier wirklich nur als Gast. Dass Sie mir jetzt dieses Formular zuschicken, befremdet mich ein bisschen. Gut, ich spiele schon mit dem Gedanken, später einmal nach Adelboden zu ziehen. Vielleicht kaufe ich sogar ein Stück Land und baue ein Haus. Ich habe bereits ein Grundstück angeschaut. Aber um mich jetzt schon anzumelden, ist es zu früh ...»
«Das tut mir leid, Herr Doktor Alder», sagte das Fräulein sehr nett, sie sagte sogar Doktor, obwohl ich mich als «Herr Alder» vorgestellt hatte. Natürlich kannte sie mich – dank dem Dorfklatsch! «Ich wollte Sie keineswegs vor den Kopf stossen. Dass mir sowas passieren ...»
«Aber das macht doch nichts. Ich lasse dieses Formular hier, und die Sache ist erledigt.»
«Ja natürlich, es tut mir wirklich leid, ich weiss nicht warum ...»
Ich ging nach Hause. Ich nahm Melanie auf den Arm und trug sie durchs ganze Haus. Sie schlief friedlich. Dann kam Martin von der Schule, und wir assen zu Mittag.
Meistens diskutierten wir bei Tisch, über die Schule oder dar-

über, was wir am Nachmittag oder am Wochenende machen könnten, oder wir sprachen über etwas, was gerade aktuell war. Martin fragte viel. Ich gab mir Mühe, ihm die Dinge zu erklären, und ertappte mich einige Male dabei, dass ich selbst nicht alles verstand. Vor allem wenn es um Weltpolitik oder um technische Dinge ging.
Heute aber war es ganz still. Ich grübelte über die Zukunft nach. Ursula fragte mich nach dem Essen, was mit mir los sei.
«Ich habe wieder diese Atemnot, ich weiss nicht, was das ist.»
«Du solltest unbedingt zum Arzt.»
«Ja, ich weiss.»
Von meinem Abstecher auf die Gemeinde erzählte ich nichts.
Nach dem Essen rief ich Mani und ging mit ihm spazieren. Ich erklärte ihm, dass ich ihn schon bald verlassen würde.

Auf dem Rückweg ging ich bei der Metzgerei Storrer vorbei, um Fleisch fürs Abendessen und für Mani einzukaufen. Mani band ich draussen an.
Joseph Storrer kam sofort auf mich zu. Ob er mich kurz sprechen dürfe.
Ich hatte seine kurzen Besprechungen langsam satt. Ob es nun um Geld oder um Nationalrat Alder ging, die ewige Schmeichelei ging mir auf die Nerven.
«Claudius, du bist doch Psychologe, Kinderpsychologe?»
«Ja, in Bern am Inselspital.»
«Eben. Wir haben ein Problem mit unserem Sohn Joseph. Joseph junior! Er ist ständig krank. Wir waren schon x-mal beim Doktor, aber das hat alles nichts genützt. Er will nicht mehr in die Schule. Jeden Mittwochmorgen sagt er, er habe Kopfweh. Ich kann das nicht verstehen.»
Ich nickte stumm.
«Du bist unsere letzte Hoffnung, Claudius. Du kannst unserem Joseph doch sicher helfen. Du könntest es zumindest versuchen.»
Ich liess mich überreden. Ich konnte ja nicht anders. Ich konnte nicht überall erzählen, dass ich Kinderpsychologe sei, und dann im entscheidenden Fall einen Rückzieher machen.

Joseph Storrer führte mich in den ersten Stock zu seinem Sohn. Joseph junior lag auf dem Bett. Er war ein pummeliger Bub und glich seinem Vater. Ich sagte guten Tag, aber er gab keinen Mucks von sich. Ich bat seinen Vater, draussen zu warten, und setzte mich zu Joseph.
«Wie alt bist du?»
«Ich bin dreizehn.» Er sprach in einem sehr unfreundlichen Ton. Ich vermutete, dass ihn die ganze Zwängerei und Fragerei seines Vaters am meisten nervte.
«Du bist krank, sagt dein Vater.»
«Ja, ich habe Kopfweh.»
«Aber immer nur am Mittwochmorgen.»
«Ja.»
«Warum denn?»
«Weiss ich doch nicht. Sie sind doch der Doktor!»
Ein rotzfrecher Bengel. Aber ich beherrschte mich und versuchte mehr aus ihm herauszubringen.
«Was hättest du denn für Unterricht am Mittwochmorgen?»
«Ich weiss nicht!»
«Natürlich weisst du das.» Am liebsten wäre ich aufgestanden und davongelaufen. Doch ich nahm mich zusammen.
«Nein!»
«Joseph, du möchtest wohl nicht mit mir reden?! Du möchtest einfach da auf dem Bett liegen, ganz für dich alleine und dich selbst bemitleiden. Aber so geht dein Kopfweh natürlich nie weg.»
Er schmollte.
«Also, was hast du für Fächer am Mittwoch morgen?»
«Rechnen, Deutsch und Heimatkunde.»
«Bist du ein guter Rechner?»
«Es geht.»
«Aber du rechnest gerne?»
«Es geht.»
«Was machst du denn gerne?»
«Skifahren.»
«Ach so! Und was noch?»
«Eishockey spielen.»

«Das ist aber schwierig. Dann bist du sicher ein guter Eisläufer?»
«Ja. Ich bin einer der besten. Ich habe schon ganz viele Tore geschossen.»
Ich wusste nicht, was ihm fehlte. Ich hatte mir zwar als Fürsorger einiges psychologisches Wissen angeeignet, doch dieser Fall überstieg meine Möglichkeiten.
Ich liess Joseph junior einen Baum zeichnen. Ich hatte gehört, dass man bei Psychologen immer Bäume zeichnen muss, anscheinend offenbart man in einem Baumbild seine ganze Seele. Er malte, und ich redete. Ich hoffte, dass er sich ein wenig öffnen würde, wenn ich ihm von meiner Jugend erzählte. Vielleicht konnte ich auf diese Weise sein Vertrauen gewinnen.
Ich erzählte, dass ich als Bub unzufrieden, ein Einzelgänger gewesen war, dass ich nie mit meinen Kameraden gespielt hatte, weil ich fürchtete, dass sie mich auslachen würden. Ich redete von meinem Erlebnis an der Bahnschranke, als ich mir überlegt hatte, ob ich mich unter den Zug werfen sollte.
«Aber Sie haben es nicht getan?» fragte mich Joseph.
«Nein, natürlich nicht, sonst wäre ich ja nicht hier!»
«Und warum haben Sie es nicht getan?»
«Weil ich Angst hatte, dass ich, wenn ich tot bin, noch viel mehr allein sein würde. So hatte ich doch wenigstens die Schule. Auch wenn ich keine richtigen Freunde hatte.»
«Wieso hatten Sie denn keine Freunde?» Ich wunderte mich, dass Joseph junior begann, mir Fragen zu stellen.
«Ich glaubte immer, die anderen mögen mich nicht. Bis ich merkte, dass das gar nicht stimmte.»
«Und wie merkten Sie das?»
«Ich redete eines Tages mit einem Jungen aus meiner Klasse, und er fragte mich, ob ich nicht mit ihm den Sonntag verbringen möchte.»
«Dann wurdet ihr Freunde?»
«Ja, wir wurden gute Freunde.»
Joseph zeichnete einen kräftigen Baum mit einem grossen, dicken Stamm.
«Hast du denn viele Freunde?» fragte ich ihn.
«Ja.»

«Und was machst du mit ihnen? Spielst du Eishockey mit ihnen?»
«Ja, auch.»
«Du solltest mal mit mir spielen. Ich kann nicht einmal Schlittschuhlaufen. Kannst du dir das vorstellen? Ich war immer eine Flasche im Sport. Sogar eine Riesenflasche ...»
Joseph musste laut lachen.
«Aber dafür war ich im Rechnen sehr gut. Als das die anderen merkten, kamen sie mit ihren Hausaufgaben immer zu mir. Sogar die Mädchen.»
«Wirklich?»
«Wirklich. Ich wurde plötzlich von den anderen wahrgenommen und sie sprachen mit mir. Auch während den Pausen. Meine Kameraden akzeptierten mich. Ich wurde bald zum Klassensprecher. Ich hatte keine Angst mehr, in die Schule zu gehen. Ich ging gerne.»
«Ich gehe auch gerne in die Schule», sagte Joseph und malte grosse, saftige Blätter an seinen Baum.
«Siehst du, dann hast du gar keine so grossen Probleme, wie ich als Bub gehabt habe. Weisst du denn schon, was du einmal werden willst?»
Da begann er zu erzählen. Er erzählte, dass er ein grosser Eishockeyspieler und Skistar werden wollte, dass er Metzger lernen und das Geschäft des Vaters übernehmen wollte. Er redete plötzlich wie ein Buch.
Als er die Zeichnung fertig hatte, lobte ich ihn und verabschiedete mich. Doch Joseph wollte, dass ich noch länger bei ihm bleibe. Ich kam nicht dahinter, was ihm fehlte. Das einzige, was mir auffiel, war, dass er ein grosses Mitteilungsbedürfnis hatte. Er war es nicht gewohnt, dass ihm jemand zuhörte, dass er mit jemandem reden konnte. Seine Eltern hatten wegen der eigenen Metzgerei nur wenig Zeit für ihn. Vielleicht waren die Kopfschmerzen am Mittwochmorgen sein stiller Protest.
Ich versprach Joseph junior, dass ich wieder kommen werde, nahm die Zeichnung und ging nach unten in die Metzgerei zu seinem Vater. Ich zeigte ihm die Zeichenkünste seines Sohnes, sagte, dass ich sie analysieren und dann nochmals vorbeikom-

men würde. Joseph Storrer bedankte sich tausendmal, er sei überzeugt, dass ich der einzige sei, der seinem Sohn helfen könne. Er liebe ihn sehr und könne wegen dieser Krankheit nachts nicht mehr schlafen.
Ich kaufte ihm etwas Fleisch ab und machte, dass ich so schnell wie möglich aus diesem Laden kam.
Mani war schon ganz ungeduldig. Ich strich ihm über den Kopf.
«Mani, irgendwann glaube ich selbst, dass ich Psychologe bin.»
Mani schaute mich mit seinen treuen Augen an und sabberte zufrieden.

Ein paar Wochen nach meinem Besuch auf der Gemeinde rief mich der Gemeindeschreiber an. Ob wir uns einmal treffen könnten. Der Gemeinderatspräsident und die Gemeinderäte möchten mich gerne kennenlernen.
So ging ich mit Ursula und Melanie zu diesem Treffen, Martin war in der Schule. Ich war ganz ruhig. Ich konnte mir vorstellen, was auf mich zukommen würde.
Und so war es auch. Der Gemeindepräsident und die Gemeinderäte legten den roten Teppich aus und betonten die ganze Zeit, wie sie sich geehrt fühlten, mich und meine Familie in Adelboden zu wissen undsoweiter. Ich liess keine einzige Szene des Theaterstücks aus, spielte mit, mit vollem Engagement, sagte immer wieder, dass ich beabsichtige, ein Haus zu bauen und meinen Wohnsitz nach Adelboden zu verlegen. Aber leider, ich stützte meine Arme an der Tischkante auf und faltete die Hände, aber leider seien meine Schriften noch immer in Costa Rica, weil ich dort ein Kinderheim baue, und es würde schon noch eine Weile dauern, bis diese Papiere zurück in der Schweiz seien.
Die Sitzung ging zu Ende, man nahm einen Apéro, alle waren zufrieden, und ich hatte wieder meine Ruhe.
Doch meine Atembeschwerden wurden schlimmer. Ich ging schliesslich zu einem Arzt. Er sagte, dass ich unter Asthma leide, was vom rauhen Klima in Adelboden verursacht sein könnte.
Allerdings fragte ich mich, ob dieses Asthma nicht andere Gründe hatte. Ich wusste zwar, dass die schöne Zeit bald vorbei

sein würde, trotzdem hoffte ich, dass ich alles noch einmal ins Lot bringen könnte.
Dann erhielt ich von der Gemeinde das Formular, das ich schon einmal erhalten hatte, nochmals. Da ich länger als zehn Tage in Adelboden sei, solle ich doch meine Schriften hinterlegen ...
Ich ging wieder auf die Gemeinde. Am Schalter war diesmal nicht das hübsche, nette Fräulein mit den kurzen Haaren, sondern eine Frau mit streng zurückgekämmtem Haar und knallrot geschminkten Lippen. Sie war um die dreissig. Es stellte sich heraus, dass sie die Chefin der Einwohnerkontrolle Adelboden war und gerade einen langen unbezahlten Urlaub hinter sich hatte.
Ich erzählte ihr das gleiche, das ich schon dem Fräulein und den Gemeinderäten erzählt hatte. Wie immer war ich sehr freundlich. Doch die Beamtin reagierte völlig gereizt und wütend. Sie wisse schon, dass die Steuern in Adelboden hoch seien, aber das sei kein Grund zu versuchen, die Gesetze zu umgehen, jeder müsse sich an die Regeln halten.
Ich war erstaunt, in welchem Ton diese Person mit mir sprach. «Das lasse ich mir nicht bieten.» Auch ich wurde wütend und unfreundlich, was äusserst selten vorkam. «Das habe ich nun wirklich nicht nötig», sagte ich zu ihr. «Auf Wiedersehen!»
Ich ging. Als ich zu Hause war, rief ich sie an. Ich verlangte die Adressen sämtlicher Gemeinderäte, sagte, dass ihr Auftritt ein Nachspiel haben würde.
Ich schrieb eine vierseitige Beschwerde. Es sei mir unverständlich, dass man in einem Kurort eine solche Person an einem öffentlichen Schalter beschäftige. So müsse man sich natürlich nicht wundern, wenn die Touristen vergrault würden und nicht mehr nach Adelboden kämen.
Ich kopierte diesen Brief und schickte ihn an alle Gemeinderäte. Kurz darauf traf ich den Gemeindeschreiber. Er entschuldigte sich für seine rabiate Kollegin und sagte, ich solle das nicht so ernst nehmen. Schliesslich hätten wir ja alles zusammen besprochen.
Trotzdem bekam ich erneut einen Brief von der Gemeinde. Ich solle meine Schriften bis spätestens am 30. April 1988 bei der Einwohnerkontrolle deponieren.

Ich hatte genug von diesem Kaff. Ich wollte weg. Auch wegen meinem Asthma. In Bönigen, einem kleinen Dorf am Brienzersee, fand ich eine schöne Wohnung mit Blick auf den See.
Ich mietete dieses Appartement unter dem Namen «Dr. Jordi»; ich wusste ja nicht, wie weit im Unterland ich bekannt war, und ich wollte auf jeden Fall verhindern, dass alles noch einmal von vorne losging. Ich dachte, wenn es einen letzten Ausweg gibt, dann ist es der Weg in die Anonymität. Einfach untertauchen. Weg von allem. Ich wollte mit dem ganzen Geld und dem Wohltäter Dr. Claudius Alder nichts mehr zu tun haben. Die rund 800'000 Franken, die ich noch hatte, würden lange Zeit reichen. Die Wohnung in Bönigen stand leer, und der 30. April, der Termin, an dem ich endlich meine Schriften hätte abgeben sollen, kam näher. Ich hätte jederzeit unsere Sachen packen und mit meiner Familie nach Bönigen ziehen können.
Aber ich tat es nicht. Ich war zu müde. Ich liess den 30. April verstreichen, ohne mich bei der Gemeinde Adelboden zu melden. Ohne mir eine fadenscheinige Entschuldigung auszudenken.
Ohne zu lügen.
Drei Wochen lang lebte ich noch ganz intensiv mit meiner Familie. Ich war jetzt sicher, dass Ursula auf mich warten würde. Ich wusste jetzt, dass ich meine Lebenslüge endlich bewältigt hatte.

9.

Am 25. Mai 1988 wurde ich verhaftet.
Fast dreieinhalb Jahre später, am 15. November 1991, wurde ich von der Kriminalkammer des Bernischen Obergerichts in Thun wegen Betrugs von über 6,2 Millionen Franken zu viereinhalb Jahren Zuchthaus verurteilt.
Zusammen mit der ersten Strafe für meine Delikte in Lengnau und Zürich macht das 11 Jahre Gefängnis.
Ausserdem darf ich bis an mein Lebensende kein Vermögen mehr anlegen. Ich muss Privatkonkurs anmelden.
An der Gerichtsverhandlung musste auch Metzger Joseph Storrer aussagen. Er erwähnte, dass ich mehrmals seinen Sohn besucht und behandelt hatte. Joseph junior sei wieder gesund, er habe keine Kopfschmerzen mehr. Das hat mich sehr gefreut.
Erika und Ernst Wenger, meine Fluchthelfer, kamen mit bedingten Strafen davon.
Die Leute, die von mir finanziell profitiert hatten, wurden nicht strafrechtlich verfolgt. Sie mussten das Geld, das ich ihnen geschenkt hatte, nicht zurückzahlen. Was aus ihnen geworden ist, habe ich nie erfahren.
Die 840'000 Franken, die die Polizei bei meiner Verhaftung beschlagnahmte, wurden möglichst gerecht an die Geschädigten verteilt.
Von Beatrice und Ines habe ich nie mehr etwas gehört.
Zu Conny habe ich den Kontakt wieder aufgenommen. Wir haben ein sehr gutes Verhältnis.
Am 2. Juni 1989, ein Jahr nach meiner Verhaftung, hat mich Ursula im Gefängnis geheiratet. Schon Monate zuvor hatte ich den Betrug mit der Vaterschaft geklärt. Melanie ist jetzt auch amtlich meine Tochter.
Mani, unser Bernhardinerhund, kam zu einer Familie an den Blausee bei Kandersteg. Ich denke oft an ihn.
Mein Asthma ist bald nach der Verhaftung verschwunden.
Die Dauerwelle, die ich zur Tarnung hatte machen lassen, ist

herauswachsen. Meine Haare sind wieder glatt, und mein Bart ist grösser und fülliger als vor meinem Auftritt als «Dr. Alder».

Meine Grossmutter hat recht gehabt: Wer lügt, wird von Gott bestraft.